山水回响
——磐安小康建设之路

政协磐安县委员会　编著
磐安县融媒体中心

中国市场出版社
China Market Press

·北京·

《山水回响——磐安小康建设之路》编辑指导委员会

主　　任：陈剑波

副 主 任：杨文秀

成　　员：陈知凑　陈　平　张卫芳　金天寿　卢志峰　申屠复亮

　　　　　赵旭亮　郑坚良　张大华　陈　斌　虞晓峰

《山水回响——磐安小康建设之路》编辑委员会

主　　编：杨文秀

执行主编：虞晓峰　杨适时

成　　员：胡妙良　张黎明　施　委　陈　斌　孔　平　胡瑞仙　陈鑫洪

　　　　　楼俊俊　杨小燕　叶江垚　韦莉娜　陈　圆　王丹红

封面题词：陈剑波

序言

2003年6月、2006年6月，时任浙江省委书记习近平两次到磐安县调研指导，充分肯定了磐安生态富县之路，为脱贫致富奔小康提供了根本遵循，指明了科学路径。习近平指出，"生态是可以富县的，生态好不仅可以富县，而且可以让老百姓很富，是很高境界的富""磐安的党员领导干部要在现有的基础上再开拓创新，花更大力气走好可持续发展之路，将生态优势转化为经济发展优势"。在习近平总书记的擘画指引下，磐安历届县委、县政府坚持一张蓝图绘到底，一任接着一任干，带领全县人民持续发力小康建设。多年来，我们牢记嘱托、上下同欲、砥砺奋进，在生态保护、经济发展、民生改善、文化建设、乡村治理等方面不懈努力，打造全面小康磐安样板。

磐安是一个年轻的山区县，经济发展基础非常薄弱。新中国成立初期，"松明篾白当灯照，野麻苦菜吃到老"是磐安老百姓的生活写照。复县当年即1983年，全县生产总值5331万元、财政总收入330万元、农民人均纯收入117元，"一个烟囱，十八个职工"是磐安工业的家底，"弯弯曲曲一条街，一支香烟走出头"曾是县城的剪影，"无路可走，有路难行，穷在山上，苦在路上"是山区交通的困扰……

磐安县的发展史就是一部脱贫史、小康奋斗史。1983年11月，磐安恢复县建制，后被列入浙江省首批五个贫困县；1991年4月，浙江省扶贫和老区工作会议在磐安召开，时任省委书记李泽民到会并作重要讲话；20世纪80年代以来，磐安县逐渐形成中药材、茶叶、香菇、蚕桑、制种等农业支柱产业（俗称"五条龙"）；1996年11月，磐安县实现"贫困县"脱贫摘帽；2003年，启动实施"千村示范、万村整治"、欠发达乡镇奔小康工程（后升级为低收入农户奔小康工程、低收入农户收入倍增计划、低收入农户高水平全面小康计划）；2015年2月，包括磐安县在内的26个"欠发达县"实现摘帽，进入"绿色发展、生态富民、科学跨越"新阶段；2018年，启动构建"1+3+3"现代产业体系；2020年，磐安县与全省其他县市同步高水平全面建成小康社会。

在世界百年未有之大变局、中国全面建设现代化新征程、浙江建设"重要窗口"的时代背景下，我们不但要眺望前方，还要回望来路。从昔日全省头号"贫困县"到如今打造康养旅居"大花园""两山"实践示范区，全面小康建设并非一蹴而就。逢山开路、遇水架桥，我们的征途由无数的"铺路石"筑就；战天斗地、改天换日，小康战歌在磐安山山水水中铿锵回响……为了记录磐安县的小康征程，讴歌许许多多小康"铺路石"，磐安县融媒体中心精心策划、重磅推出"决战决胜高水平全面建成小康社会系列主题报道"。磐安县政协充分发挥文史资料"存史、资政、团结、育人"的重要作用，与县融媒体中心密切合作，精选其中《牢记总书记嘱托　建设重要窗口》《老乡你好——小康路上看变化》《决胜小康　圆梦有你》等3组重头报道共计54篇，结集成书《山水回响——磐安小康建设之路》。真实记录与定格历史发展瞬间，为全面小康建设献礼，实乃磐安之幸、文史之幸。

小康决胜光景新，山水回响征歌续。以人民为中心加快发展，未来我们脚步会更坚实。在新历史起点，我们将承载人民对美好生活的向往，更高质量更高水平建设"五个磐安"，为浙江建设"重要窗口"做出应有贡献！

磐安县政协主席　陈剑波

目 录

牢记嘱托

深山小村成为农家乐第一村
——管头乌石村从"穷山恶水"到"金山银山"的蝶变之路 …………002
悬崖村成为网红村
——从岩门村的蝶变感悟"两山"理念的真理力量 …………013
穷山村成为旅游村
——灵江源村从"绿水青山"到"金山银山" …………018
飞地辉煌
——金磐开发区异地扶贫的成功实践 …………025
乡村美景
——从下溪滩村的美丽蝶变感受协作帮扶的制度力量 …………032
云山速度
——磐普产业园"山海协作"的实践之路 …………039
平安建设15连冠
——为平安中国贡献浙江力量 …………044
打好"两战" 守住浙中一方净土 …………051
诚信市场揭秘
——从浙八味药材城感受社会治理的创新力量 …………056

小产品做出大市场
　　——来料加工让村民走向共同富裕之路 …………061
小服务做出大民生
　　——从"365窗口"感受服务群众的首创力量 ………067
小公交做出大交通
　　——"四好农村路"助力小康建设 …………………073
茶香飘万里
　　——从古茶场感受茶文化的精神力量 ………………079
儒风万世长
　　——榉溪孔氏家庙让儒家文化扎根乡野 ……………086
药乡千年路
　　——从大盘山博物馆感受中医药文化 ………………093
古村古风远
　　——新农村建设让历史村落展新颜 …………………098
小县城有大梦想 ……………………………………………104
城镇化的生活向往
　　——从集镇升级感受城镇发展的时代力量 …………109
美丽乡村的幸福生活
　　——从乡村蝶变感受新时代农村的发展 ……………114

老乡 你好

泥庐里的幸福生活
　　——盘峰乡下初坑两户幸福计划农户的小康路 ……122
陶新花：残缺的花儿别样美 ………………………………130

孔令福：走出大山 走向新生活 ………………………………………… 133
曹海军：踏平坎坷出深山 安家县城忙汽修 …………………………… 137
美丽牧场孕育美好生活
　　——张柳平生态养猪走上致富路 …………………………………… 140
这样的好日子以前想都不敢想
　　——叶有香办民宿吃上"旅游饭" ………………………………… 142
从"行"看变化：深山坦途通山外 …………………………………… 144
青梅尖下现曙光
　　——农家乐托起陈妙山的小康梦 …………………………………… 148
从吃看变化：餐桌上见证几代人生活变迁 …………………………… 152
从农村夜生活看变化：村民跳起广场舞 ……………………………… 155
从穿着看变化："黑灰蓝"到"五颜六色" ………………………… 157
从通信方式看变化：从"摇把子"到5G智能手机 …………………… 160
从支付方式看变化：以往"豆子换豆腐" 如今手机"扫一扫" ……… 162
朱华庆：安置房圆了"幸福梦" ……………………………………… 164
从"顺口溜"看变化：告别落后 奔向小康 ………………………… 166

圆梦有你

陈承职："领头雁"开农改先河 "好把式"三获省劳模 ………… 170
叶贤庭：践行"大寨精神" 小康开路标兵 ………………………… 175
孔令琴：红旗村支书 手把手带村民致富 …………………………… 180
曹兰招：承包荒山四千亩 绿化造林至百岁 ………………………… 185
王国浩：旧村改造拓荒人 一腔心血付春秋 ………………………… 190
赵富平：脱贫致富"领头雁" 茶苗经营父子兵 …………………… 195

杨定升：非遗传承人的"药味"人生 …………………………198

袁金成：走南闯北"清连香" 致富不忘桑梓情…………………204

李强：从农民到食用菌专家 磐安香菇的引种人 ………………208

陈永生：舞起磐安产业"三条龙" 小康路上的坚守者 …………212

周惠良：播撒希望种子 "制"出美丽人生 ……………………216

包金亮：深山里走出农科"高手" 菇农变身产业领跑者………220

杨良福：敢为人先试水乡镇企业 市场经济催生"甜蜜"小康………224

周洪其：一生只为做好一根管子 …………………………………228

陈正明：矢志不移创新 争做细分行业引领者……………………233

张威平：风雨笃行二十二年 引领"农家乐第一村"……………237

陶冶之："银根"抽"银丝" 茧出好生活 ………………………243

潘望霖：逐梦磐安旅游的拓荒者 …………………………………247

张伟斌：梦想花开 景因人兴 ……………………………………251

权启爱：扎根磐安十一年 帮扶茶农奔小康………………………255

牢记嘱托

2003年6月、2006年6月，时任浙江省委书记习近平先后两次来磐安调研，对磐安县基层党建、生态富县战略、365服务窗口、中药材产业、农家乐发展、传统文化保护等作了重要指导，提出了"生态是可以富县的，而且是很高境界的富"的科学论断。2020年3月，习近平总书记在考察浙江时，对浙江工作提出了"努力成为新时代全面展示中国特色社会主义制度优越性的重要窗口"的新要求。浙江省作为习近平新时代中国特色社会主义思想重要萌发地，磐安干部群众始终牢记总书记嘱托，坚定沿着"八八战略"指引的路子走下去，为建设"重要窗口"发挥磐安力量、提供磐安经验。本部分"牢记嘱托"是磐安县融媒体中心推出的大型主题报道《牢记总书记嘱托 建设重要窗口》，全面展现了磐安县在总书记指示精神指引下经济社会发展各方面取得的成就。

深山小村成为农家乐第一村
——管头乌石村从"穷山恶水"到"金山银山"的蝶变之路

从"穷山恶水"到"绿水青山"

雨后返晴,天空清透湛蓝。

乌石村是我们此行的目的地。磐安县融媒体中心《牢记总书记嘱托 建设重要窗口》栏目组采编人员,怀着虔诚而急迫的心情,前去探访这一远山古村的沧桑巨变,感受小康建设的时代力量。

乌石村管头自然村是习近平总书记关心视察过的地方。2006年6月13日,时任浙江省委书记习近平来到管头视察调研。在这里,他访农家,问游客,谈发展,听闻这里依托乌石特色环境资源发展"农家乐"开发旅游时,他高兴地说:"农家乐,好!"

习近平总书记的这次调研和指导,如春风化雨,激发了管头村的创业信心;如指路明灯,指明了管头村的发展方向;如航海灯塔,指引着管头村驶向了旅游经济蓝海。15年来,管头村干部群众牢记总书记的嘱托,遵循总书记指引的道路,坚定不移发展旅游经济,建成了"金华市农家乐第一村",打响了乌石村旅游品牌。

乌石村已然成为磐安旅游的一张名片和旅游经济的一个样板,不仅声名远播江浙沪,引得游客纷至沓来,而且已成为磐安乡村旅游的一个引擎和典范,带动着一地旅游产业的发展。

一方乌石垒起的"美丽乡村"，催生了"美丽经济"，铺就了小康路。这中间，让我们感受到了很多，也体悟到了很多……

"生态是可以富县的，生态好不仅可以富县，而且可以让老百姓很富，是很高境界的富。"

——2003年6月12日，时任浙江省委书记习近平到磐安调研时的讲话

村前茶园如盖，村后古树参天，岭外修竹滴翠，道旁绿树成荫……

现今的管头村，俨若一个森林公园，掩隐在绿色之中，藏匿于树的海洋，好一幅生态绿色图卷。

孰能想到，今日这般美丽的管头，当年可曾是穷山恶水的"光头"。

时光倒溯20年，管头村是另外一个样子。那时的管头村居住分散，有五个自然村，他们逐水而居、依山而建，在那土里刨食年代，农业是他们唯一收入来源，于是村民到处垦荒种植，毁林造田，一到秋冬季节，管头村周边除了那几棵古树略显绿色和生机，到处都是光秃秃的，一幅衰败萧条的景象。

更为要命的是，管头人苦于经济条件，没钱购买材料造房子，他们只得到处采挖地下的玄武岩砌墙造石头屋。这造就了今日的乌石古村，可在当年，却是无奈之举，挖石挖得村子周边四处坑坑洼洼的。再加之过度的开垦种植，导致村庄环境很不理想，"晴天一身灰，雨天一身泥"，村民过着灰头土脸的日子，以致当地曾流传一句话："有女不嫁管头村。"

管头村的改变从1995年开始。当年有一个大背景——老村改造。改革开放的春风释放了浙江大地的经济活力，有了一定积蓄的农民也就有了改善居住条件的强烈愿望，应之而生的便是各地蓬勃开展的老村改造。管头村也不例外，甚至它的这个愿望和要求比其他地方还要强烈一些。因为，它实在太落后了。

"实施老村改造，没有一个强有力的当家人是改不了的"。聪明的管头人就像当年造房子挖乌石一样物色当家人，在外办厂的张威平成了大家心目中的合适人选。

张威平当年在广东办有一个塑料厂，生意做得风生水起。如果按照这条路走下去，

说不准还能成为一名成功的企业家。可他"看不得老家的落后、村民的穷",毅然放弃企业经营,回村出任村党支部书记。这一选择,改变了他的一生。他从此与村子的命运、发展拴在了一起,成了铺就管头村从穷村到富村发展之路上的一块铺路"乌石"。

乌石出深山显示了它的价值,张威平回老家发挥了他的作用。张威平以经商办厂的敏锐分析村子发展的困难,寻找破解的办法,思考老村改造的方案。管头村的一切症结都在于"村子实在太分散了"。因为村子分散,村子成了"光头";因为村子分散,老村改造无从着手;因为村子分散,基础设施建设无法上马。

疾病不可怕,可怕的是找不到症结。管头村的症结在这里,张威平的履职之路就从这里出发。他上任后做的第一件事就是合并自然村,实施老村改造。

这几件大事很能反映管头村当年走过的那段路:

——1998年,正值第二轮土地延包。村里抓住机遇留出28亩土地,为建新村、保老村打开了空间;

——1998年,管头村完成了通村道路硬化;

——2000年,管头村启动环村道路硬化工程建设,环村大道拓宽。

——2002年,管头村"五村并一村",分散的5个自然村全部从深山集聚到管头大村;

——2002年,管头村实施"退耕还林"、村庄绿化。

一个村的发展就像那铁轨上的列车，推动起来是困难的，但一旦动起来，裹风挟雨都得往前急驶。管头村的发展现在看上去就这样寥寥几笔，但每一个项目、每一件工作背后，都有一个千阻万难、愁肠百结的过程。张威平是强势的，也是用情的，管头村平息了"小村到大村建房"村民反对的声浪，逾越了"建新村，又要保老村"的矛盾，最终不仅让分散在各个山头上的5个自然村全部集中到大村实施了统一的老村改造，而且还成功地保住管头老村，为今天管头村变身"乌石村"保住了资源、打开了通道。

这里有一件事很有意思，山区农村，张威平带领大家不种庄稼，竟然种起了树。那是2006年，张威平在团县委的帮助下，争取到省直机关多家单位到管头来种树、绿化。

绿化植树的地方就在村后的龙岗上，挨着村子，地势平坦，是管头村不可多得的良田好地。可张威平"中了邪"似的竟然要拿来植树绿化，村民们百般不解，"我们是在山区，是在农村，树多了去了，这样的地里种上庄稼多好啊"。

村民的质疑和惋惜，恰证明了张威平的睿智和眼光。现今，这片绿化已经成林，樱花、红枫、桂花、茶花……四季有花，到处飘香，热切而恰当地呼应着乌石古村。这边是树丛花海，那边是古村老房；这边是绿色绚丽的，那边是古朴厚重的。百年历史的岁月洗礼，这一刻、这一景，迸发出它独特的魅力和无限的生命力。走在管头村里，一半是绿树红花衬起的美景秀色，拥自然入怀，呼吸着香氲甜味的空气，感受到的是生态的美丽和自然的慷慨。一半是乌石黑瓦营就的古村老街，让历史凝固，诉说着百年老村的故事，冲击游人的是经年的乡愁和时光的痕迹。这种自然和人文的对话，现今与古老的切换，给人以一种心灵的撞击，怦然之间，人们怎能不爱上它?!

管头村改变了，变得美了，变得生动起来了。这一切，都是因为选准了领头人，关键在于引领村庄发展的这个"头"，由此就有了"光头"变成"关头"的生态跨越。

从"绿水青山"到"金山银山"

"生态好只是致富的一个基础条件，生态富县并不是一个自然的渐进过程，是要积极创造条件才能实现的。磐安不花费相当的心血是达不到生

态富县目的的,尤其是磐安的党员领导干部,要在现有的基础上再开拓创新,花更大的力气走好可持续发展之路,将生态优势转化为经济发展优势。"

——2003年6月12日,时任浙江省委书记习近平到磐安调研时的讲话

这一"跨",管头村用了整整15年。下一"跨",管头村变成乌石村,难度系数增加了,但跨越的速度加快了。

2003年6月12日,这一天是值得磐安人民铭记的日子。时任浙江省委书记习近平来磐安调研考察,他谆谆告诫大家:"生态是可以富县的,生态好不仅可以富县,而且可以让老百姓很富,是很高境界的富。"

管头人牢记总书记的嘱托,下山移民,植树造林,退耕还林,把曾经的"光头"唤醒为"绿水青山",保住了生态,也建设了家园。但紧接着面临着很现实的问题:管头村5个下山移民的自然村,他们的经济门路在哪里?管头人建了新房欠了债,他们的钱怎么来?

张威平更是牢记习近平总书记关于生态优势转化为经济发展优势

党员干部必须为之努力的重要指示精神，遵照总书记的要求，带领全村党员干部，开始了二次创业，致力追求"真正达到生态富民"的目标。

"穿新鞋走老路，肯定行不通"。张威平农民出身，当过乡镇干部，也办过厂经过商，他本能地知道："土里刨食，只能解决肚皮问题。要解决口袋问题，必须跳出农业寻找新的门路。"他敏锐地注意到磐安尖山镇十八涡景区的开发可能蕴藏的致富门路。那段时间，听说大山顶上的十八涡景区的开发，他比谁都关心"有没有游客？""这些游客都来自什么地方？"……不知情的人，还以为他想到十八涡景区打工挣钱去了呢。

谋定而后动。2005年，张威平开始行动了，在县委、县政府和上级领导的肯定和支持下，张威平在村里透露了"想带领大家开发农家乐"的想法。

"异想天开，我们这种穷地方还开发旅游？开办农家乐？"回想起当年情景，现任乌石村股份经济合作社董事长、乌石村党支部委员张财瑶至今记忆犹新。2005年9月，张威平发动村民开办农家乐，可是老百姓疑虑重重，响应者寥寥无几。

"村民们一时不能接受"张威平是有心理准备的，但"响应者如此之少"是他想象不到的，村民尚且可以理解，村干部的观望态度实在让他有些理解不了。但他没有畏难不前，反而更执着地张罗起这件事。带领村干部外出考察学习，开座谈会统一党员干部思想……在他的努力下，总算有4户农户成了乌石旅游第一批"吃螃蟹"的人。

这其中就有张财瑶，他是张威平的叔叔，时任村会计。"于公于私都该支持威平的工作"。张财瑶用不到一个月的时间，把自己的乌石小院简单地整饬了一下，取名"怡情石屋"，抱着试试看的心态开起了农家乐。

2005年9月28日，这是张威平一生难忘的日子。这一天，管头村首批4户农家乐48个床位正式开张了。为了这一天的开张生意，张威平没少动脑筋。他专门跑到县里，征得县领导的支持，派出大巴到金华去宣传招揽客人，以"免费吃住"的优惠政策，吸引到了金华市区阳光小区的48名客人。

农家乐总算开张了，但开张之后客源不足的问题依然困扰着张威

平。某种程度上,客源不足的压力比农家乐没开张的压力还要大,因为如果这4家农家乐亏本赔钱了,他不仅要承担被他们责难的压力,更重要的是,这意味着他的决策是失误的,接下去再发展农家乐村民还会信他吗?

那段日子,张威平四处打探客源,变着法子招揽游客,但收效不大。让他记忆最深的一次是上海营销经历。那一天,他印制了一叠乌石旅游宣传营销活页,用一个蛇皮袋装着,坐着公交车到上海去闯市场。在上海南京路上,他挨家挨户登门拜访旅行社,见他背着个蛇皮袋,一副农民打扮,善意者敷衍着收下他送的宣传资料,遇到难商量的连门都不让他进。他跑了一路,几乎吃了一路闭门羹。

事情的转机在翌年春天。这一天,一班上海老年骑行客来到管头村,看到村里的乌石老房子和优美的环境,感觉很好,当晚就住在了这里。张威平等村干部像招待亲人一样招待了他们,像一个学生一样向他们请教上海市场的旅游宣传营销,并在他们的牵线搭桥下结识了一个热心的上海旅行社老板,开启了上海"银发族"团队游客市场。

上海旅行社对旅游的嗅觉是很灵敏的。管头村乌石特色旅游资源、舒适的气候条件、热情好客的人文，以及实惠的价格，迅速在上海打出了名气，先后与40多家旅行社建立了稳定的合作关系。

没有游客烦恼，有了游客也烦恼。随着上海游客的增多，接待的规范和标准又成了一个问题。张威平根据自己多年的企业经营管理经验，推动成立"乌石村农家乐服务中心"，创新性地提出"四统一"管理模式，即：统一对外营销、统一接团分客、统一收费标准、统一结算账目。这一模式，根本性地改变了各自为战的无序局面，提高了村民的组织化程度，契合旅游发展规律，显示出了机制的先进性和强大的制度力量。

乌石旅游打开上海市场靠的是机缘和张威平持之不懈的努力，但要形成规模，并且经久不衰，决定性的因素是"四统一"模式。

旅游是一件常做常新的工作。"四统一"模式推红了管头旅游，但随着游客和农家乐家数的增多，特别是三期老村改造实施后，农家乐档次的拉开，"四统一"模式又有了一些不适应的地方。他们又与时俱进地提出了"管头管事"创新做法，从创新农村基层治理角度，以"管事十法""六无善治"为重点，组织和动员全体村民，组建村级服务管理团队、"管头管事"志愿服务队，负责日常巡逻维护、游客矛盾纠纷化解……

旅游的魅力就在这里。它以产业的驱动力激发村干部的工作积极性，激发村民的创业积极性，激发村庄发展的内生动力。因为旅游，村集体经济持续增收壮大；因为旅游，村庄基础设施日趋完善；因为旅游，农村治理也在不断创新发展。

管头村因为旅游打开了"两山"转换通道。据有关方面提供的数据：

——2010年，乌石村的旅游经济收入达到800万元，首次超过全村农业经济收入，标志着乌石村已经成为名副其实的旅游专业村。

——2018年，乌石村农特产市场正式投入使用，40余个摊位，每年可创造70余万元的集体经济收益。

——截至目前，乌石村农家乐规模得到了空前发展，全村共有农家乐173家，3777张床位、8375个餐位，80%村民从事农家乐行业。

——2019年接待游客突破85万人次，旅游综合收入达到1.6亿元，管头村村民人均年收入突破8万元。

这组亮丽数据的背后是管头村"生态富民"的生动实践，显示出的是生态之路灿烂前景，彰显的是"两山"理念的真理力量！

从"金山银山"到"云上尖山"

乌石村历史悠久，建筑风格独特，是宝贵的资源，你们要保护好、利用好老祖宗留下的宝贝，抓住天时、地利、人和的有利时机，搞好乡村旅游，带领村民致富，建设美丽乡村。

——2006年6月13日，时任浙江省委书记习近平到磐安调研时的讲话

一花独放不是春，百花齐放春满园。

"两山"理念以一种春风化雨般的力量释放了乌石独特的旅游魅力，让管头这样一个穷山村蝶变成为"金华市农家乐第一村"，走上了高水平的小康建设之路。

管头村的蝶变宣示着一种力量，一种推动着山乡巨变的力量，在这片土地上纵情地澎湃着，激越地升腾着：

原尖山镇范围之内的舞龙峡景区开发、陈界、藤潭岗、大山头等旅游特色村的兴起，是"两山"理念的驱使；

原胡宅乡辖区的水下孔景区开发，横路村、胡宅村等旅游特色村的发展，也是这股力量的作用；

原万苍乡自然村旅游特色村的新建，同样也是这股力量的强势拉动……

这是一片曾经贫穷的土地，因这股力量唤醒了沉睡的资源，从此打开了"两山"通道进而迸发出强劲的发展势头。力之所及，新农村建设、美丽庭院创建、农家乐开发……跨越了乡镇行政区划的界线，逾越了乡村产业门类的分工，呈席卷之势在这片土地上显现出它那"点石成金"的力量。

横路村的旅游开发是一个十分典型的例证。这个村与管头村一样是一个"乌石村"，整村以乌石为材砌筑，建筑规模、村落形态、街巷纵深、人文历史，甚至比管头还要好，还要有韵味。邻近管头村旅游经济的蓬勃发展让横路村坐不住了，2017年，他们借小城镇环境综合整治的东风，加大投入实施旅游开发，修缮了古街老房，新建了空中酒吧，开发了益清庄、澄溪望谷等高档民宿，旅游产业发展势头大有后来居上之势。

这让县委、县政府看到了这片土地振兴的希望和发展的方向，适时启动了乡镇行政区划撤并和行政村规模调整。乡镇行政区划方面，撤并原尖山镇、胡宅乡、万苍乡为一个镇——尖山镇；行政村规模调整上，有意识地将管头村、东里村、火炉岭村、大园村、林庄村、大山头村等六个行政村调整成为一个行政村——乌石村。着力在行政区划、村庄规模等方面为"这股力量"拓展更大的空间、提供更大的平台，扫清界线上的障碍。

历史在这个时候显示出了它穿越时空的力量。如果说2002年管头村"五村归一统"，是有情不得已不得不为的情势的话，那今日乌石村"六村合一村"，倚重的是乌石村成功的旅游开发，是规模更大、层次更高的一次主动设计和目标引领。

站在管头村后的古枫公园上放眼远望，近处的大山头，远处的东里，如梭驶来的旅游大巴、自驾车，如织而行的各地游客……昭示的是合并后强劲的融合发展势头和蓬勃的旅游发展热潮。县委常委、尖山镇党委书记羊菊春说，他们正着力将乌石村打造成为"浙江省农家乐第一村"。

羊菊春的豪迈是这个时代的豪迈，是旅游让乌石村自信地走上了"两山"之路的豪迈。

当大家再把目光深情地投向这片土地，去审视、打量这片土地上现在发生的变化，接下来会发生的变化：

旅游的版图在变。当下的尖山镇，已落地了两个大型田园综合体项目——斐湖畈田园综合体和胡宅畈田园综合体，这意味着台地旅游将从"峡谷景观+农家乐"的1.0版本向"田园综合体+民宿"的2.0版本迈进，旅游发展空间从峡谷到乡村，版本升级了，版图扩大了。

旅游的档次在变。景区作为旅游的龙头，尖山镇正着力在十八涡、舞龙峡等景区的基础上，计划整合、提升打造一个"5A"级景区。农家乐作为接待主体，也在不断地提档升级，投资1500万元打造的"澄溪望谷"特色民宿，投资2000万元开发的"益清庄"高档民宿……给游客的绝不止奢华。

旅游的辐射在变。尖山镇范围内，旅游已强势确立成为主导产业，城镇按照旅游来定位，乡村围绕旅游来建设，甚至工业都对接旅游来招商。尖山镇之外，旅游已成为台地"三镇一乡"的共同选项，玉山镇玉岑山居项目的引进，尚湖镇风崖谷景区的开发，九和乡御龙湾景区的营业……乌石旅游已完全跨越了行政区划的界线，辐射至周边乡镇，甚至远及与之接壤的新昌、东阳等市县。

乌石铺就了尖山旅游"两山"之路，这条路通达的是一个更宏大、更具前景的未来——乌石小镇、云上尖山。

文｜虞晓峰 应燕航 戴宁 陈静 朱俊敏 张海峰 郑芳芳

悬崖村成为网红村
——从岩门村的蝶变感悟"两山"理念的真理力量

磐安是山的世界,在这绵延的群山之中,有一个地方很特别,这里不仅山高路远,几近与世隔绝,更因其海拔之高、地势之险,即便当地人也"能不去则不去"。

这个地方就是方前镇施家庄村岩门自然村。

它地处800多米海拔的群山之上,村庄三面垂直落差300多米,悬崖峭壁,悬空而建,仿如空中楼阁。多少年,村民们苦于环境,穷在路上;多少人,渴望逃离,憧憬山外。这种"想走走不了、想留留不下"的窘迫深深地困扰着岩门人。

时移景易。这个他们曾经叹苦叫穷的地方,一夜之间因为旅游而成了网红:海拔高,成了看云海的好去处;地势险,成了有看头的好地方;道路艰,成了探险者的好选择……

由此，它就有了一个特别形象的"艺名"——悬崖村！

悬崖村的横空出世有它什么样的机缘？背后的推力又是什么？磐安县融媒体中心《牢记总书记嘱托 建设重要窗口》栏目组专程前往探访，感受它"变"的速度，"变"的力度……

铺就一条通达的"致富路"

2003年6月12日，时任浙江省委书记习近平在磐安调研时指出："生态好只是致富的一个基础条件，生态富县并不是一个自然的渐进过程，是要积极创造条件才能实现的。"

总书记的指示给了磐安县方向，也给了方法，如春风吹拂大地，激发了磐安人民向"生态富民"春天进发的信心和豪情。大山深处的岩门村也不例外，甚至，他们表现得比谁都要积极、主动，因为，他们内心的渴望比谁都要强烈。

不堪回首，十几年前，这个村还是另外一副"面孔"，一个杂草丛生、泥泞满地的闭塞落后的样子。"那时村里连水泥路都没有，通往村外需走三个多小时的泥泞山路。地处偏僻，交通不便，村民们基本没有收入来源，过的是自给自足的生活。"回忆起曾经生活的岁月，施家庄村村委会副主任王福寿记忆犹新，"那时候的生活真让人无奈、泄气。我曾无数次抱怨为什么我们村里的路是那样的，为什么我要住在这样一个偏远的山村……"

要想富，先修路。为了改变这一现状，2004年，岩门村举全村之力修起了一条通往仙居的机耕路；2007年，抓住"康庄工程"机遇，浇筑了通往方前集镇的水泥路。

路通了，村民的生活变了。村里陆续有人买了车；村民们赶集方便了。最为关键的是，村里出产的毛竹、四季豆、高山玉米，也有人收购了。

这些在其他地方看来平常简单的事情，对岩门村来说却是具有划时代意义的大事。通路，改变的不仅仅是村子的交通条件，改变的还有他们的生产、生活方式，他们的思想观念、人际交往。"因为不通路，我们不得不靠山吃饭，我们走不出去，外面的人也进不来。通了路之后，我们造了新房、买了车子，也认识了外面的新世界。"王福寿笑着说。

通路带来了立竿见影的变化，但这些变化都只是浅表层面的，其更深层的变化还在后面，村民们谁也想不到，他们这样的村，有朝一日还能成为旅游特色村。

怀揣一个旅游的"桃源梦"

2019年,方前镇举行"希望的田野·春之约"旅游节庆活动,"悬崖村"迅速在网上走红,每天都有全国各地的游客慕名而来。村中最多一天接待了一千多名游客、近百辆越野车。

"记得有一天,一个上海的摩托车队来到村里,他们骑车的声音响得像飞机一样!"村里老人看到新事物都觉得稀奇,更让人高兴的是,村民种植的农特产都被抢购而空。"从去年开始,两三个月时间来岩门的人,就比过去十年都多!"村民蔡大爷激动地说。

岩门村"红"了,"红"得那么突然,又"红"得那么在情理之中。

旅游是一种猎奇的活动,游客们期待的是一种不同的文化心理冲击。岩门村很有特点,山重水复,生态良好,村落奇险……这样的村庄,只要给它一个机会和支点,"走红"是必然的。

磐安旅游的全域化发展就是岩门村一个机会,方前镇重视旅游开发就是岩门村一个支点。近年来,方前镇牢记总书记的嘱托,抓住"诗画田园、高山远水"两大元素,以"戏迷小镇、希望田野"为旅游开发主题,全域化发展乡村旅游,唤醒了方前这片土地,激活了方前这片山水。

岩门村是方前镇发展乡村旅游重点打造的浙中川藏线上的一个重要节点。这条路,起自"大科线"(磐安大盘镇至天台科山)连接点,终于岩门村。它有川藏线的险,又有江南大山的奇。一路上风景无限,一路上险峻雄奇,一路上气象万千。

时下,每逢周末,前来岩门村的游客络绎不绝。原生态的村口公园隐掩在云海中,宛如仙境;突兀的悬崖瀑布,奇幻险阔;还有那蘑菇岩、宝剑岩、船石,巍峨林立……游客们惊叹于自然的鬼斧神工,更感叹于这片原生态的世外美景。

"我是在微信朋友圈里看到岩门村的,这里远离城市,是地地道道的'天然氧吧',一路驱车过来,感觉真的很好。"来自义乌的游客骆剑锋说:"尤其是经历了2020年的疫情,我们更向往生态好、风景美、空气质量高的地方。岩门村真的是一个生态美丽的好地方。"

北方小伙吕啸对江南风光更好奇,他乐不可支地说:"我们七八个人,就是奔着'网红村'的名号来的。原先只是在抖音上看到南方的田园风光,今天来到这里,仿佛走进了'天空之城',远离了城市的喧嚣,内心一片宁静。"

炊烟袅袅,雾霭蒙蒙。黄昏后的暮色,月色下的庭院,烟火中的岩门村,和谐恰好地隐匿在大山深处,成了一道风景,更是一种生活。

旅游的神奇恰在此处。这条曾经为村民们诟病的路,因为旅游,成了村民们的致富路。

生态的魅力恰在此处。这片曾经不为山外所知的山水,因为生态,成了旅游的"桃花源"。

孕育一种甜美的"新生活"

"自家的老危房翻了新,不出门就能吃上'旅游饭',哪里还用得着外出打工。"连日的雨,使得岩门村的青山愈发青翠,空气中弥漫着森林的气息。一大早,村民任爱连就在家里忙活开了,择菜、洗菜、生火、整理碗筷……精心准备着游客预订的午餐。

随着悬崖村名声的扩大,家乡旅游的发展,一些曾经外出的岩门人选

择返乡从事旅游业。任爱连就是其中之一，此前她一直在方前镇上做木板生意，2020年5月回到家中，开办了一家民宿，起名为"悬崖居"。

"靠山吃山，靠水吃水，我们村子就在大山里，有大量的山里货、农产品，我们就主打农家菜肴。"任爱连懂得农家乐经营之道，也懂得大山。

横看成岭侧成峰。岩门村这些过往他们认为的穷根——天险般的村落环境、盘旋弯曲的通村道路、茫无边际的大山，从旅游的角度和游客的眼光去看，一切都成了旅游的特色和资源。一个"悬崖居"的名称起得那么豪迈，一餐农家菜肴烧得那么的自信。

如果说，岩门村的"走红"是因为悬崖村特色的话，那它的"火"就应该是这份农家菜肴了。这里得益于良好的生态、无污染的环境，加之传统的种植养殖方式，种出来的菜别有一种味道，捕起来的鱼别有一种鲜美，养出来的鸡别有一种滋味……当这些自种的蔬菜、自捕的鱼虾、自养的鸡鸭，经过农家土灶的烹烧，成了游客称赞的菜肴时，山也就有了味道了，水也就有了声音了。

这种味道和声音，就是"绿水青山"变成"金山银山"的味道和声音。

这种味道和声音，77岁的蔡先田老大爷也尝到了、听到了。他原本是村里的低收入农户，岩门村成为"悬崖村"后，他放养的山羊变得供不应求，东阳、仙居等周边县、市的顾客时常上门来买，2019年收入有4万多元。说起这些，蔡先田大爷心里的喜悦之情溢于言表："穷了大半辈子，现在终于摘下了贫困的帽子，过上好生活了。"

岩门村变身"悬崖村"，村民们尝到了旅游的味道，更好的生活还在后头呢。方前镇党委书记陈一波说，岩门村的旅游开发和悬崖村的打造还处于起步阶段，下一步他们计划将岩门村打造成国家级地质文化村和省级美丽宜居示范村，并以之为龙头带动整个"四协片区"的发展。

春风吹进了大山，山花烂漫其时可待。这段时间，方前镇围绕悬崖村的打造动作频频，请专家前来现场勘察，请规划设计现场对接，并已提出了初步的规划设想，以"悬崖村"为形象标志，以民俗文化为特征内涵，打造一条"探秘悬崖村落，体验高山风情"的特色旅游线路……

站在岩门村口，俯望村前连绵的群山和曲折蜿蜒的山路，我们分明感受到的是一种力量，一种点石成金、润物无声的力量。

文 | 虞晓峰 张傲 戴宁 郑晨光 陈静

穷山村成为旅游村

——灵江源村从"绿水青山"到"金山银山"

灵江源，位于磐安、仙居两县交界处，因九座山峰形似九头狮子，当地人又称"九狮峰"。这里是浙江九大水系之一灵江的发源地。涓涓细流从九狮峰出发，汇聚成山间小溪，到丁埠头村汇入溪炉港，进入仙居后汇入永安溪，到临海三江口汇入永宁江，然后一路向东，在椒江牛头山奔腾入海。

灵江源山林面积有1万多亩，如今这里成了灵江源森林公园。在九座山峰之间的山坳里隐藏着9个小山村，这9个小山村组成一个行政村即灵江源村。依托灵江源森林公园开发，灵江源村村民吃上了"旅游饭"。从此，这里山村面貌和村民生活发生了蝶变。

2005年8月15日，时任浙江省委书记习近平在安吉余村首次提出"绿水青山就是金山银山"的理念。"两山"理念的提出日渐深入人心，破解了发展与生态的矛盾，越来越多像余村这样的小山村实现了美丽蝶变。

2020年7月23日,农历二十四节气大暑第二天,磐安县融媒体中心《牢记总书记嘱托 建设重要窗口》栏目组来到灵江源采访,切身感悟这个昔日穷山村华丽蝶变背后的真理力量。

世外桃源

用世外桃源来形容灵江源村一点也不为过。

大暑前后是一年中最为炎热的时候,当天天气预报磐安最高气温37摄氏度。我们的车子从丁埠头村拐入灵江源,摇下车窗顿时感到一股清凉:公路两边满山葱茏,车子一路在树荫下前行;路边泉水叮咚,清澈的水流一路欢歌;山上清风徐来,深吸一口有点醉人。

村党支部书记鲍先进告诉我们,灵江源村气候特点是"一高一低":"一高"是负氧离子含量高,98%的森林覆盖率,让这里每立方厘米负氧离子含量平均达到35784个,比县城高5倍;"一低"是夏季气温低,一般不超过26摄氏度,平均要比县城低4摄氏度左右,比杭州等城市低7摄氏度左右。

"在这里,既能登山观景,又能下水嬉戏,呼吸着饱含负氧离子的空气，实在惬意。"杭州游客韩美莲和闺蜜们漫步在悬空栈道，凝山观水，满山景色尽收眼底。她说，在抖音上刷到了灵江源，一副"网红"气质，一眼就喜欢上了，于是慕名前来休闲度假。

来灵江源开展考察活动的温州某社区干部赵华明更是对灵江源充满好奇。他说，灵江源景区名声在外，温州很多市民都知道这里，更有不少人有过"打卡"经历。"来之前，我一直心存疑问，灵江源这个藏在大山中的小村是如何成为旅游村的？到这里后，一路美景，令人感慨，眼前的这一片绿水青山已经告诉了我答案。"

如今游客眼中的世外桃源，在十多年前，却是另外一副模样。

59岁的鲍先进，22岁开始担任村支书，一干就是27年，经历了灵江源村的"前世今生"。

灵江源村以前叫马家坑村，下辖马家坑、王大坑、三亩田等6个自然村，2018年行政村调整时，并入龙溪、半山、竹园岙三个自然村，形成了现在的灵江源村。

"一个字，穷。"说起以前的马家坑村，鲍先进感慨万千。因为地处山坳，全村人均田地不到0.3亩，口粮只能吃半年，没通路时村民只能走十多里山路把竹子、树木背到山外卖几个钱换回粮食；后来通了生产路，路宽不到3米，卖竹子、树木的钱运费就占了一半多。为了生活，年轻人大多外出打工，村里只剩下老弱病残，还有那破败的老房子。

那时的鲍先进整天看着漫漫大山发愁。

村助景兴

转机出现在2010年。

一位名叫张伟斌的年轻人找到了鲍先进，提出在这里开发旅游。张伟斌大学毕业后在宁波海尔电器做过销售，在外赚到"第一桶金"后，他决定回乡创业。年轻

人头脑活络,"绿水青山就是金山银山"的理念也早早根植于他的脑海,于是他选择旅游作为创业方向。

经过详细考察论证,2010年8月的一天,两双手紧紧地握在了一起。"这里资源条件好,我有信心打造成知名景区。""你就放心干,村里的事我包了。"

鲍先进和村民们做到了。2010年,灵江源景区核心区块5000亩山林流转,鲍先进召集村民开了三个会就一致同意并当场签约,没有一户村民落下;2018年,随着景区接待量的剧增,需要新建一个停车场,鲍先进挨家挨户上门做村民思想工作,仅用3天就完成涉及20多户35亩山地征用,1000个车位的停车场在五一前建成投入使用,缓解了旅游高峰期停车难问题;为了提升景区形象,村民们自觉开展环境卫生大整治,把村庄搞得干干净净。

张伟斌也做到了。2013年,面积5000亩的灵江源森林公园建成并开放,优美的自然环境和"峰奇、壁绝、谷幽、瀑多"的独特景观,让景区"一炮打响"。石门、神龟瀑、飞龙瀑、九狮峰、悬空栈道、穿岩而出的古树以及矗立崖边的迎客松,十步一景,景景惊艳。2014年开发高空玻璃栈道,2018年"华东第一高空玻璃桥"横空出世,2019年推出灵江源高空玻璃悬廊,并成功认证吉尼斯世界纪录。在张伟斌的打造下,灵江源景区爆款频频,每个项目都迅速成为"网红"。

灵江源景区红到什么程度,几组数据可以佐证:

2019年3月10日,景区当天接待旅游大巴336个,创全省单一景区纪录,大巴一直从景区门口排到丁埠头,车队绵延5公里;

2019年"五一"期间,每天接待游客超过1万人,"五一"当天接待游客1.5万人;

2019年全年接待游客50余万人次,在金华市山水类景区中位列第二。

张伟斌成功了。成功的背后,是那一片绿水青山,

是"绿水青山就是金山银山"的真理力量；还有灵江源村干部群众的大力支持，"不眼红、不闹事，就是最大的支持。"

景助村富

这几天，一个数字一直让鲍先进激动不已。5.8万元！这是三亩田自然村2020年7月18日一天的民宿营业总收入。

"多靠了伟斌。"鲍先进和村民都称张伟斌为"伟斌"，朴素的称呼，代表的是干部群众对张伟斌发自内心的感激和认同。

其实，张伟斌不是第一个想到灵江源开发旅游的人。"前面洽谈了好几个人，最后都被村民赶走了。"鲍先进说，之所以选择跟张伟斌合作，就是因为他当初提出的"景助村富"的承诺。在当年的签约仪式上，张伟斌向村民们承诺："我不仅要把景区开发好，还要让景区带动村民致富，景区只收门票收入，不经营餐饮、住宿、销售，这些都让村民来做，让大家提高收入。"

这几天，王大坑自然村"雅仕居"农家乐的业主陈菊香一直"忙并快乐着"："疫情过后，游客多起来了，住宿天天爆满，中餐晚餐吃饭的游客一茬接一茬。"陈菊香是村里最早开办农家乐的两户之一，2010年景区还在建设她就开起了农家乐，现在每年有30多万元收入。

王大坑自然村地处灵江源核心景区，也是目前为止得到景区辐射带动最多的村，18户村民有16户开办农家乐，还有20个农副产品摊位。

鲍先进说，王大坑以前是全村最穷的自然村，靠了张伟斌的"景助村富"计划，现在成为全村最富的自然村。"最多的一户存款超过200万元。"这在以前靠贷款过年的王大坑人来说，"真的是一个天一个地了。"

地处海拔700多米半山腰的三亩田村一出手就是"大动作"。2018年，村里拆除全部老房子，由村里按照民宿标准统一建设，建成后村民参与投标。

灵江源的好风景带来了三亩田的"好钱景"。2020年4月，三亩田举行了"开村节"，15家民宿开门营业，"五一"、端午期间，每天接待游客近千人。每逢双休日，来自台州、温州等地到村里住宿、观光、品尝美食的游客络绎不绝。

"景助村富"计划让灵江源景区和灵江源村实现了融合发展：

——村集体经济获景区大门票收入2%的分成，每年可达15万元，加上摊位租金，村集体经济年收入30多万元。

——景区每年直接支付村民山林、田地租金合计20余万元。

——每年旅游淡季，景区实施"团队游客分餐"，由景区向每位游客发放每天30元餐票，可以在包括灵江源村在内的农家乐消费。2018年、2019年合计发放60万元，2020年已发放40多万元。据测算，每

张30元餐票可带动消费50元，100万元的餐票共计带给农家乐收入270余万元。

——每年9月至12月，景区拿出20万元资金，在灵江源村举办"晒秋节"，助推乡村振兴，吸引观光游客。

"好钱景"让昔日背井离乡的灵江源村民纷纷回乡创业。来自仙居县广度乡的陈汝潘租用了三亩田的服务中心，占地700多平方米的民宿6月20日投入试营业。陈汝潘的爸爸是马家坑人，以前因为家里穷，18岁时到仙居县广度乡祖庙村落户。"灵江源村今非昔比，所以我回来了。"陈汝潘认为"自己是灵江源人"。

"以前村里人能出去的都出去了，村里没有烟火气，现在大家都回来了，村里一年到头热热闹闹。"在鲍先进的眼里，"这才是一个村的样子。"

文 | 张黎明　潘辉　戴宁　卢韵璇　郑晨光

飞地辉煌
——金磐开发区异地扶贫的成功实践

磐安山外，金华城中。金磐开发区这块跨越山水、承载重托的飞地，以独特的姿态开创了全国"生态补偿"的先河，创下了省级"山海协作"的样板，成为磐安"对外开放"的示范窗口，为磐安从头号贫困县到摘掉"欠发达"帽子，再到冲刺全面小康，发挥着重要的作用。

磐安县融媒体中心《牢记总书记嘱托 建设重要窗口》栏目组采编人员，专程探访百里之外的金磐飞地，感受异地开发协作帮扶的制度力量。

飞地经济推进精准脱贫

磐安是个"九山半水半分田"的纯山区县，一边是山峦叠翠的自然生态，一边是山多地少的自然掣肘，美丽与烦恼共生，经济社会发展受到很多制约。1983年复县时，全县工业总产值仅876万元，"一根烟囱，18名职工"，工业基础相当薄弱。

磐安穷在山里，苦在路上。磐安发展的路在何方？欠发达地区如何才能加快发展？1995年，浙江省委、省政府开创扶贫新模式，以"异地扶贫"的方式对磐安进行

更为精准的"造血式"扶贫，在金华城里规划3.8平方公里的土地，建成了金磐开发区这块异地开发扶贫的"试验田"。

"成立之初，我们忧心忡忡，以扶贫为目的的异地开发在浙江乃至全国都是一个创举，没有成功经验可供借鉴。"首任管委会主任陈官忠回忆说。

有梦想就会有行动，有付出就会有收获。目前，金磐开发区拥有各类经济主体1600多家，税收超千万元企业12家，其中超亿元1家；国家高新技术企业10家，春光橡塑成为全县唯一一家主板上市企业。

县政协副主席、金磐开发区党委书记陈平说："开发区的初心使命就是帮助磐安'摘帽快跑'，今天不仅圆满完成了任务，并成为全县经济发展的重要平台、财政收入的重要支柱。"

——已成为全县经济发展的增长极。到2019年，金磐开发区累计实现工业产值超500亿元，上缴税收和其他非税收入超50亿元，主要经济指标对磐安贡献度均达到1/3以上，高新技术企业占全县的80%，充分体现了主战场、主阵地的地位和作用。

——已成为全县农民致富的主渠道。异地开发给山区农民带来致富机会。浙江威邦机电科技有限公司陈国红是尚湖镇人，18岁进入威邦工作。公司在开发区设厂后，就随之来到金华，从品质管理负责人、车间主任，逐步成长为厂长。不仅如此，他还在金华购房买车，成了金华市民。像陈国红这样在开发区企业工作的磐安人有近2万人，他们随着企业搬迁或区内企业到磐安招工，来到金华创业生活，从农民变成市民，享受到异地开发带来的生活变化。

——已成为全县社会发展的加速器。身在外，心向磐安，随着金磐开发区的发展，其反哺家乡建设的作用也在不断增强。开发区累计提供2.6亿元资金用于家乡的基础设施、文化教育事业、老城区改造、新农村建设、五水共治等社会事业建设。区内企业家也一样，人在他乡，心系故土，在企业不断发展壮大的同时，积极反哺家乡。仅2020年，区内企业就为全县抗击新冠肺炎疫情捐款捐物金额达420余万元。

山海协作实现合作共赢

2003年，习近平同志主持召开山海协作工程情况汇报会，强调要把全面实施山海协作工程作为促进区域协调发展的有效载体来抓、作为"八

八战略"的重要内容来推进。[1]

"山海协作工程"给金磐开发区的开发建设带来利好和机遇。山呼海应,共赢发展。金磐开发区累计引进杭州、温州、台州,以及金华市发达地区的山海协作工程合作项目近200个。同时,随着优势企业的不断入驻,工业用地亩均税收超35万元,连续5年居金华市各类开发区第一、全省七块飞地前列。省委常委、常务副省长冯飞批示肯定:"金磐开发区是发展最成熟的一块飞地。"

——好机制赢得发展先机。浙江省同年建立的其他三个扶贫开发区,起点不尽相同,做法也各有区别,随着时间的推移,它们都从喧嚣中走向寂静,唯金磐开发区一枝独秀,从根本上说要归功于开发区体制机制上的成功探索。

金磐开发区创造性地形成了"三独立、三接轨"的开发管理模式,即"独立行使园区内的县级经济管理权、独立享有区内产生的产值和税收、独立组织实施园区内的建设管理",并规定"园区的总体规划与金华市区接轨、税收等经济政策与市区接轨、土地征用接轨市开发区并由其统一实施",确保了开发区高效运转不受干扰,奠定了飞地长足发展的基础。

---

[1]叶慧.做好"共创共享 合作共赢"这篇大文章——浙江深入实施山海协作工程综述[J].今日浙江,2018(24).

——好服务营造良好环境。走进开发区,办事不用愁。这是许多企业对金磐开发区办事效率和服务质量的评价。

金磐开发区以"一次不用跑"为目标,全面推行"集成代理服务、预约上门服务、领导代跑服务"的"三服务"模式,着力打造"服务高地"。特别是在企业股改上市、转型升级等关键环节,开发区主要负责人更是亲自出征,一事一议,特事特办。

浙江海帝克机床有限公司是刚引进的一家专业研发高精尖数控机床的高科技企业,2020年初三个月时间,开发区就把5000平方米厂房装修好,让海帝克顺利搬进新厂区。公司董事长朱国飞信心满满地说,在开发区贴心服务下,2020年的效益预计同比增长30%。

新冠肺炎疫情之初,丽莱内衣转型生产口罩,但因企业不在白名单内,口罩出口受阻。金磐开发区成立三服务专班,经过多次向上沟通,最终丽莱内衣成为全国第42家、浙江第4家获准出口的非医用口罩企业。5月29日,新一批医用口罩白名单出炉,丽莱内衣名列其中。

好服务,赢得好口碑,吸引好企业。目前,皇冠集团、娅茜内衣、和勤通信、鹏孚隆科技等一批企业,都已发展成为国际国内行业有自主品牌的佼佼者。

——好姿态参与金华共建。山海协作体现的是共创共享、合作共赢。金磐开发区在金华开发区统一规划下,历经两次扩容提升,累计投入基础设施建设资金100亿元,建成市政道路28条近30公里,实施城市绿化15

万平方米,投入文明城市创建及其他费用1.2亿元,成为金华城区不可或缺的重要组成部分。

区内的5万余名职工,兴旺了当地人气,繁荣了金华市区"三产",加速了西关街道、秋滨街道、洞溪工业园区等毗邻社区的城市化进程。同时,向市区输送了金磐机电实业公司、天丰化学公司等一批骨干企业,壮大了金华的税源,形成了磐安异地开发和金华城市建设、经济发展共赢的良好局面。

生态补偿开创全国先河

"生态好只是致富的一个基础条件,并不是一个自然的渐进过程,是要积极创造条件才能实现的,磐安不花费相当的心血是达不到生态富县目的的。"

——2003年6月12日上午,时任浙江省委书记习近平来磐安调研时在新渥镇宅口村对党员干部的讲话

总书记的指示如一记响雷,催生了磐安生态富县战略的生动实践,也激发了金磐开发区的创业热情。

下游要生态、上游要生存;下游要环保、上游要温饱。区党委书记陈平说:"绿色是磐安发展的底色,开发区要始终践行'两山'理念,在保护磐安生态环境方面担当作为,用我们的发展优势反哺全县生态文明建设,进而推动全县经济社会快速发展。"

金磐开发区开创了生态补偿机制,共为磐安承担了50%的工业经济、提供了1亿多元的资金支持、分担了10余万吨的工业能耗,有效地减轻了

磐安境内的环境承载压力，使"生态保护与经济发展双赢之路"成为可能。

目前，磐安已成功创建"国家生态文明建设示范县""国家生态示范区""国家生态县"，森林覆盖率达80.95%，居金华市第一、全省前列；全境地表水和出境断面水质100%达标，空气优良率达97.8%，PM2.5常年平均29微克/立方米，居金华市第一、全省前十。

人不负青山，青山定不负人。生态补偿发挥出强劲动能，生态资源变成发展资本，让磐安"保浙中一方净土，送下游一江清水"的生态愿景成为现实。近年来，磐安生态旅游热度持续攀升，灵江源森林公园变身网红爆款、乌石村建成金华农家乐第一村、夜游花溪大红大紫……一大批生态旅游项目蓄势待发。

国务院参事室专家组评价："金磐开发区对流域上游和重要生态功能区进行有效开发性补偿，创造了非常宝贵的经验，值得总结推广。"

异地开发汇聚各方力量

金磐开发区因扶贫而建，站在与全省同步高水平全面建成小康社会的

历史节点，让我们再把目光深情地回望这块"飞地"的开发建设过程，假如说开发道路的选择有众多偶然，但开发成功的结果却有其必然。

这其中与上级倾力扶持是分不开的，从政策扶持、体制理顺、空间拓展、可持续发展等重大问题上，给予精准把脉和政策推动；有关部门在项目扶持、要素配置等方面，给予及时指导和全力支持。一片汇聚真心的土地，注定会结出丰硕的果实。

金磐开发区的成功还与"金磐人"的开拓进取、奋发图强、苦干实干分不开。1辆车、7个人、100万元工作经费是开办时的全部家当，面对一片无任何基础设施的土地，他们利用扶贫开发的优势，瞄准企业主动出击，用诚意消除投资者顾虑；面对项目建设和房屋拆迁、土地征用的矛盾，他们坚持"群众利益无小事"，最大限度为他们着想，苦口婆心地做工作……

当下的金磐开发区，厂房林立、绿树成荫、商贸繁荣，开发版图从一期到二期，招引方式从招商到选商，开发理念从资产经营到资本运作，平台格局不断完善、平台能级全面提升，正步入更高水平的发展轨道。

飞地有限，活力无限。随着以新材料、五金工具、户外休闲用品为主导的特色产业带的形成，"一园一总部一基地"（数字经济产业园、特色楼宇总部、先进制造业基地）经济新格局的构建，在长三角、珠三角一体化以及金义新区建设的大背景下，金磐开发区充满无限机遇和希望，正朝着全省乃至全国飞地经济示范区、山海协作样板区的更高目标出发。

2020年11月，金磐飞地成异地扶贫浙江样本。

文｜胡妙良　楼俊俊　邵汉诚　张若旸　孙怡

乡村美景
——从下溪滩村的美丽蝶变感受协作帮扶的制度力量

亭台轩榭,绿树成荫,一栋栋小洋房错落有致,房前屋后花草芬芳,平坦宽敞的水泥路直通每家每户,道路两旁太阳能路灯整齐排列……

景在村中、村融景中。信步尚湖镇下溪滩村,就是在游览一处景点。而在二十几年前,这个村庄还随处可见散乱破旧景象。

从落后贫穷到美丽富足,下溪滩村的美丽蝶变不仅展现了干群一心共建美好家园的精神风貌,更是浙江协作帮扶制度在磐安的生动实践。

二十多年前,协作帮扶政策的春风吹到了尚湖镇,浙江省委宣传部对口联系,在带来资金、人才、项目、技术支持的同时,也带动了当地村民发展观念的改变,村庄迎来

了前所未有的大好机遇。

下溪滩村乘风破浪、逆势而上,实施旧村改造,创建特色旅游文化村,发展乡村旅游……一举跃身为美丽乡村建设的"示范村"。

磐安县融媒体中心《牢记总书记嘱托 建设重要窗口》栏目组走进下溪滩村,近距离感受协作帮扶制度带来的乡村巨变。

村庄靓了

"这里以前是一片荒地,杂草丛生,人都走不进去。"村会计胡佩岳指着一组老照片,向大家讲述下溪滩村旧村改造前的样子,连连感叹现在的生活真幸福。

胡佩岳2020年63岁,见证了村庄的发展变化,对这片生他养他的土地有着太多回忆。在他看来,下溪滩村的美丽蝶变很难用一两句话说清楚。

在胡佩岳印象中,曾经的下溪滩村道路坑坑洼洼,晴天一身灰、雨天一身泥,村民出行十分不便。村里的房屋七高八低,多是一些土房、瓦房,垃圾遍地、污水横流,村前的玉虹溪就如一条臭水沟,臭气熏天,是一个典型的"脏乱差"村。

村民们越来越认识到:旧村改造迫在眉睫,改变村庄落后面貌更是势在必行。

2007年,村两委班子痛定思痛、奋起直追,开展旧村改造。如何顺利稳妥地拆除

村民的老房子，成了摆在眼前首要面对的现实问题。

现实是残酷的，因种种原因，旧村改造终究还是停滞不前、举步维艰。

"老村都拆不掉，村民怎么建新房子、过上好日子呢？" 2014年，在外工作的韦武斌回乡看到这么多年过去了，村庄依旧是一副破败的老样子，他当即下定决心，放弃优渥收入回来建设家乡。

当年，韦武斌当选村委会主任。当选后，他干的第一件大事就是旧村改造。

火车跑得快，全靠车头带。为了让村民们看到村里旧村改造的决心，韦武斌带着党员干部先拆除自家的房子，不分白天黑夜走家串户，耐心做村民思想工作，一趟不行跑两趟、三趟，甚至十几趟，直到说服村民为止。

许多村民看到韦武斌身上的这股"倔劲"，纷纷被感染，答应支持旧村改造。最终这个困扰了下溪滩村7年的难题，在韦武斌的带领下仅用1个多月时间就完成了。

现如今，一排排统一规格的三层小洋房拔地而起，家家户户建起了美丽庭院，村民的生活越过越有味。

"这在十几年前可是做梦都不敢想。"今昔对比，胡佩岳由衷感慨生活的巨大变化。从那美丽舒适的人居环境中，从村民们灿烂的笑脸上，我们读到了乡亲们的幸福指数。

这几年，借助省委宣传部协作帮扶的东风，下溪滩村精心扮靓村容村貌，为乡村振兴注入新的活力。休闲公园、文化长廊、乡村大舞台、游客服务中心、健身游步道、共享菜园……一步一景，处处成画，绘就了一幅美不胜收的乡村画卷。

腰包鼓了

凌晨三四点钟，天还没亮，下溪滩村农产品交易市场已灯火通明，十几名工人正在分拣、打包茄子辣椒等新鲜蔬菜，市场门口停着几辆货车等待装运。

"我们还不算早的呢，农户们凌晨一两点就要下地采摘了。"收购商韦敏亚正忙着跟货运司机算账，准备将五千多公斤蔬菜发往上海。

韦敏亚是下溪滩村人，从事蔬菜收购已有5个年头。她说，以前收购蔬菜是在大街两旁，每次收购要看老天"脸色"，风吹日晒不说，还要经常提前去"抢地方"。现在不一样了，有了固定的交易市场，村民们卖菜更加方便了，收入越来越有保障。

一直以来，茭白、茄子、辣椒等高山蔬菜是下溪滩村民的一大主要收入来源。一到采收季节，村民们将摘下来的蔬菜，打包拉到公路边等着客商上门收购。

"路边摆摊不仅影响了交通，也存在安全隐患。"村党支部书记韦武斌介绍，为了给村民们提供一个好的交易场所，2018年，村里出资建了一个占地740多平方米并配套有冷库的农产品交易市场。

每逢农产品上市时节，许多外地客商都会来市场收购，既方便了群

众，也解决了农产品运输难、出售难、货损多等问题。"有了这个市场，村民种菜的积极性更高了。"鲜少下地的胡佩岳2020年也种了1亩多的茄子，预计可以增收上万元。

有了固定的交易市场后，不少村民承包了闲置土地开始种植蔬菜。韦武斌还算了一笔账：仅市场摊位、冷库租费，村里每年可以增加村集体经济收入近5万元，再加上市场屋顶的太阳能发电，每年村集体经济增收11万余元。

农产品交易市场还带动了周边村民增收。"15公斤装一袋，每袋有1块5毛钱收入，一天能赚七八十元。"58岁的周金月专门从玉山镇赶到交易市场打"暑期工"，之前她在家里就带带孙子，没什么收入来源，现在每个月能赚两三千元。

近年来，乡村游成了不少城里人出行的热门选择。看着旅游业强劲的发展势头，村两委琢磨着，如何利用新农村建设成果，盘活闲置房产，让村民们吃上"旅游饭"。

机会来了。2019年，省委宣传部干部倪佳凯被下派到下溪滩村，担任农村指导员。刚走马上任的倪佳凯就被下溪滩这几年新农村建设成果所震撼，但他清楚地知道，新房子建起来只是外在的，让老百姓真正富起来才是硬道理。

为了早日实现"旅游梦"，倪佳凯多方协调沟通，委托省社科院社会学所所长李文峰与旅游研究中心研究团队以下溪滩村为重点，制定了尚湖镇旅游发展研究报告。同时，指导帮助下溪滩成功创建省3A级旅游村。

通过专业规划、设计，下溪滩变美了，景观节点变多了，到村里观光的游客也渐渐变多了，村民的心思也跟着活络起来，农家乐、民宿一家接着一家"冒"了出来。

"这里是客厅，那边是餐厅、茶室，楼上是客房……"走进"静心居"民宿，主人张花卿热情地带大家参观起来。

风梅、霜兰、雪菊、雨竹……每个客房都有一个雅致诗意的名字，房间打扫得干干净净，里面摆设简单精致又清新大气。

"我们办民宿、开农家乐，村里还会有补贴呢！"2019年，在村里的鼓励下，张花卿回村投入90多万元对自家的三间房子进行了装修,并将民宿挂入携程App,平时交由家人代为管理。目前,"静心居"民宿在携程上的评分为4.9分,浏览着游客们留下的一条条住宿好评,她对民宿今后的发展充满了信心。

如今,像张花卿一样开农家乐、办民宿的农户,在下溪滩村共有10家,共有床位100余个。

生活美了

村貌只是"面子",文明才是"里子"。在优美村庄环境中住上好房子、过上好日子的村民,开始追求精神上的"富裕"。

"以前基本没有什么文化娱乐活动,现在不一样了,唱唱歌、跳跳舞,活动可丰富

了。"下溪滩村民乐队队长陈园园对村民们文化娱乐方式的变化感触很深。

2014年成立时,民乐队只有七八名成员。随着老百姓日子过得一天比一天红火,由村民自发组成的秧歌、现代舞等兴趣小队,如雨后春笋般成立,民乐队成员一下子扩大到了近80人。陈园园兴奋地说:"我们时常会参加镇里和县里的比赛,还获得了不少奖项哩。"

下溪滩是"我们的村晚"的发源地,是全县较早举办农村春晚的村。近几年,在省委宣传部和各相关部门的支持下,村里文化娱乐设施进一步完善,村民们看在眼里、喜在心上,纷纷感叹党的政策好。每年固定举办的"村晚"以及平常的各类文化娱乐活动,已成为村民喜闻乐见的文化盛宴。

"新的文化礼堂外部主体已完成,内部展陈正在建设中。"韦武斌说。仿古建筑的文化礼堂,由前、中、后三进组成,建筑面积1080平方米。功能以旅游接待、文化娱乐为主,内设文化讲坛、图书室、接待室、书画室、播放厅、展览厅等。

起初,为了吸引更多游客到下溪滩村观光游玩,韦武斌打算把新的文化礼堂建设成村里的非物质文化展示厅。了解村里的想法后,倪佳凯立足实际,建议提升格局,打造玉山台地非物质文化遗产展馆。

"文化礼堂是群众的精神家园,通过资源挖掘、内容设置,传承文化、留住乡愁。"在倪佳凯的沟通努力下,县委宣传部和相关部门最终将玉山台地非物质文化遗产展馆项目落地下溪滩,并落实专项资金,邀请专家团队设计论证。目前已完成项目设计稿,即将进入招投标程序。

4月22日,省委常委、宣传部部长朱国贤来到下溪滩村,实地考察了文化礼堂项目建设情况,并指出"要把文化礼堂打造成全省最好的文化礼堂,打造成文化礼堂的窗口和样板"。

"我们将按照朱部长的指示精神抓好工作落实,把文化礼堂建好、管好、用好。"韦武斌表示,下一步将加快推进文化礼堂建设,丰富村民们的精神文化生活。

"省委宣传部结对帮扶尚湖镇二十多年,给予了资金、项目、人才等方面的扶持。"尚湖镇党委书记周湘南介绍,自省委宣传部结对帮扶以来,尚湖镇发生了翻天覆地的变化。2019年尚湖镇工农业总产值8.1亿元,是2000年的7.2倍;人均纯收入22680元,是2000年的10.5倍。

一个个跃动的数字背后,是一个个家庭生活的改变,是一座座村庄的蝶变。

这背后,是协作帮扶的制度力量。

文 | 胡妙良 卢明 楼俊俊 傅利刚 陈旭

云山速度

——磐普产业园"山海协作"的实践之路

习近平指出,"山海协作"工程是把欠发达地区培育成为我省新的经济增长点的有效抓手,是科学发展观在区域发展战略中的具体体现,是推进社会主义和谐社会建设的重要途径,必须坚持不懈地抓好这项工程。[1]

磐安处高山之巅,山容万物图自强;普陀居大海之滨,海纳百川助发展。2017年6月,乘着山海协作的"东风",磐安、普陀两地秉持"优势互补、互惠互利、长期合作、共同发展"原则,协作开发磐普产业园,开启了磐安县文旅融合发展的新征程。

大山有所呼,大海有所应。磐普产业园如何迸发出山呼海应的巨大能量?如何念好磐普协作"山海经"?县融媒体中心《牢记总书记嘱托 建设重要窗口》栏目组采编人员走进磐普产业园,深入感受这座在山海协作发展中崛起的新区,感受协作帮扶的制度力量。

基础先行 快速度建设夯实"发展筋骨"

雨后的白云山巅,丝丝白云拂过蓝天,分外纯澈。站在半山腰望去,村庄在云海中若隐若现,宛若人间仙境;放眼四周,一幢幢高楼拔地而起、来往车辆如织如梭。"再过几年,这里就是磐安县城最繁华的地方之一。"磐普产业园专职副主任林森站在山间,手指前方描绘着未来的前景。

林森所指的前方就是磐普产业园的核心区块。磐普产业园位于磐安一城三片城市框架中心——云山片的核心区域,规划面积7.5平方公里,其中核心区域面积3.56平方公

---

[1]周咏南.习近平强调不断推动"山海协作"再上新台阶[N].浙江日报,2006-12-28.

里。这里距诸永高速、在建的杭温高铁磐安出口仅三五分钟车程，42省道和40省道穿境而过，交通便捷，区位优势明显，是支撑磐安未来发展的重要产业平台。

2018年1月，磐普产业园被列入浙江省新一批16个省级生态旅游文化类山海协作产业园，为磐安和普陀两地实现优势互补、资源共享、产业共兴创造了优先条件，给磐安加快新一轮发展带来千载难逢的大好机遇。

规划是产业园建设的龙头，规划决定产业园建设规模、方向和品位。磐普产业园管委会坚持"规划引领"的指导原则，全力做好规划工作，并在全省16个产业园中率先通过评审。

开局就是决战，起步就是冲刺。园区一班人知重负重、勇扛使命，打出了政策拔钉攻坚战、招商引资攻坚战等系列组合拳，全力推进规划落地。如今的产业园正按照"一核两区多点"的规划布局，紧盯"一年打基础，两年见成效，三年成示范"的工作目标，围绕"全县文旅产业转型升级的重要引擎、新老城区融合发展的景观轴带、对外展示磐安形象的重要窗口、实施乡村振兴战略的示范区域"的发展定位稳步快速推进。

围绕发展项目铺路布景，2018年获全省小城镇整治行动第一批省级样板，"污水零直排区"省级样板；2019年获全省首批AAA级景区镇。两年创建三个省级样板，旅居环境不断提升。

为集中破解发展中遇到的难题，2018年6月，政策拔钉行动率先在中田、上马石打响，10天时间完成了46户遗留农户的拆迁安置，腾出发展空间134亩。如此行动在园区已是常态，2个工作日完成里坞坑道路政策处理，3个工作日打通历时十年之久的白云山通景道路拓宽瓶颈，10个工作日完成中田村古民居遗留农户搬迁，1个月完成遗留5年之久的温泉山庄三期综合体项目土地征收、坟墓搬迁等难题……一件接着一件干，一项一项抓落实，云山溪谷、温泉SPA、古民居开发等一批项目建设按下"快进键"，跑

出"加速度"。

林森表示,下一步将充分发挥山海协作的制度优势,坚持文化、旅游、科技融合发展,充分依托产业园核心区域的交通、区位、人文和特色产业优势,开足马力,大干快上,向创建全省山海协作示范地、绿水青山转化成金山银山的样板地、长三角地区康养旅游目的地的更高目标迈进。

项目为王 高品质开发集聚"发展势能"

项目是推动磐普产业园提质升级、加快发展的重要载体和动力之源。产业园管委会创新招商思路和招商模式,聚焦聚力招大引强,走出一条充满活力的招商之路。

走进"云海方舟"旅游康养基地建设项目工地,现场一派热火朝天景象,挖土机、推土机、压路机有序作业，运输车辆来回穿梭，工人们支模、挖沟、绑扎钢筋……各项工作井然有序。项目负责人朱小军介绍，"白云颐居"四星级酒店268根桩基已全部完工，2021年元旦前投入运营。

云海方舟项目位于磐普产业园白云山区块，总规划面积约680亩，项目总投资10.5亿元，建设周期5年。该项目以白云山山地资源开发为主要内容，融入旅游、休闲、医疗、度假、娱乐、运动、养生、养老等健康服务新业态，打造一个多元组合、产业共融、业态相生的商业综合体。届时，走进云海方舟，辗转于崎岖盘桓的林间小径，眺望着云雾缭绕的雄奇山峦，在一派苍茫的原生田园撒欢，在湖畔雨林坐看云海翻腾，仰望万里星空。

"云海方舟旅游康养基地项目对促进磐安县生态旅游业发展有着重要意义，项目建成后可填补磐安县高端旅游国际酒店的空白。"磐普产业园经济发展局局长周东方说，未来将以"打造国际顶级山林康养基地标杆"为目标，依托白云山优越的自然生态环境，全力把云海方舟旅游康养基地打造成为长三角地区重要的旅游康养目的地。

"这是里坞坑区块的三期项目，尽管暑气逼人，但每天仍有150多名工人加班加点、抢抓工期，加快推进项目进度。"云山康体养生度假中心项目负责人施根清站在售楼部沙盘前，指着三期项目的两幢楼盘介绍道。云山溪谷项目地处磐安一城三片城市带的中心位置，周边配套设施齐全，区位优势明显，一期、二期项目已火爆售罄。2020年3月，该项目三期占地65亩的康体养生中心及度假公寓全面开工，目前24栋排屋已完成基础建设。

"云山区块周边环境得天独厚，交通便捷，磐安即将迎来高铁时代，这可是一个千载难逢的好机遇，我有幸赶上了。"在庆幸自己赶上好机遇的同时，施根清也对投资环境赞不绝口，"项目建设遇到问题，总能得到有效解决，工程进展顺利。对我们企业而言，时间就是效益，对这里的投资环境我很满意。"

抓项目就是抓发展，谋项目就是谋未来。两年来，通过招大引强、全员招商，县领导亲自率队外出招商15次，全县十大招商项目中三个落户磐普产业园，其中环白云山旅游康养度假中心项目投资额达30亿元。目前，已累计引进旅游项目16个，签约额达75亿元，完成项目投资31.03亿元。随着非常云山康养社区项目、溪云·璞舍古民居项目、大盘山温泉康养综合体项目等重大项目的落地建设，核心区块项目建设的高潮正在掀起。

产城融合 多业态布局初显"发展活力"

"大家往这边走，我们马上集中办理入住手续。"8月12日，大盘山温泉酒店大厅挤满了来自上海的旅游团。该酒店行政人事部经理黄国兴介绍，暑期，酒店市场逐渐回暖，连日来客房爆满，入住率达到80%~90%，周末则达100%。

云上花溪轻奢酒店、维也纳国际度假酒店、开元名庭温泉酒店贵宾楼三家高端酒店相继营业，新增客房573间床位1000个，云中阁、养生不夜城酒店提档升级，云海方舟酒店开工建设……酒店集群正逐步形成。同时，在花溪路、许逊路形成了乡村民宿集群，打造"云杏山居"品牌，产业园的休闲、康养、旅游集散功能日益凸显。

旅游兴旺让周边村民走上致富路，一幅"村美民富"的乡村振兴图景正徐徐展开。

2020年8月16日上午9时，中田村"云上人家"民宿业主杜美凤正在为来自温州的客人制作当地特色美食。2019年，杜美凤放弃经营多年的幼儿园，与丈夫一起回家精心设计，重新装修闲置房屋，办起了民宿，在家门口吃上了"旅游饭"。"现在游客越来越多，村民们开起了农家乐、民宿，村民有事干、有钱赚，生活有奔头。"杜美凤笑盈盈地说，为了庆祝民宿开业一周年，她还特意准备了自家晾晒的农家笋干送给游客。

走进中田古村古色古香的老房子，就像走进一个没有喧嚣、没有纷争的宁静世界；呼吸一口清新湿润的空气，任何烦恼和浮躁都会洗涤一空。

"多漂亮的企鹅呀，前面是白白的，后面是黑黑的，两只眼睛亮亮的，走起路来摇摇摆摆的。"在中田村云山书屋内，义乌游客王女士正在给5岁的女儿甜甜讲绘本故事。书屋管理员小卢介绍，正值暑假，经常有许多入住周边酒店的游客在空闲时间带着孩子过来看书、写字，享受亲子阅读时光。云山书屋也为附近村民带来便利，中田村90后村民陈洁玉正在认真研读《新教育之梦》，她是一名中学教师，趁着暑期闲暇来图书馆看书。

云山书屋内设成人阅读区、青少年儿童作业区、国学讲坛、协会讲座等论坛区，目前馆内陈列图书一万多册，涉及文学、历史、科学等各方面。相关负责人表示，今后将进一步充实藏书，满足广大群众和游客的阅读需求。

近年来，磐普产业园不断培育旅游新业态，旅游产品日渐丰富。两年间，植入主题茶吧、云山书屋、云山书画馆、亲水公园国学馆等业态。研学游、亲子游、康养游、乡村游等旅游产品日益丰富，其中大盘山博物馆举办研学、参观活动月均90余场次、月均接待游客2万余人。

山海并利、陆海联动。山海协作犹如一根红线牵引着"山""海"合作共赢。磐安"牵手"普陀，是全省新一轮山海协作的缩影，山海相连天地广，"高山"与"大海"正在共谱一支携手互助、优势互补、共奔小康的"双城曲"。

文 | 胡妙良 应燕航 马传贤 杨陈丽 楼俊俊 金杨青

平安建设 15 连冠
——为平安中国贡献浙江力量

习近平总书记关于社会治理和平安建设的重要思想是习近平新时代中国特色社会主义思想的重要组成部分。习近平在浙江工作期间，立足浙江，放眼全国，创造性地提出并实施了"平安浙江"建设战略，也为今天的平安中国建设提供了弥足珍贵的思想资源和实践经验。[1]

在浙江，有一座象征"平安"的鼎。2020年4月14日，这座平安创建现阶段的最高奖项——一星平安金鼎首次颁发，磐安成功"问鼎"。根据规定，只有连续15年获得平安市或平安县（市、区）的地方，才有资格被授予一星平安金鼎。磐安，这个能够满足群众对美好生活向往的小城，因为连续15年获评平安县，成功捧回了这份来之不易的荣誉。

平安磐安既是为"重要窗口"展示形象、增光添彩的重要方面，也是建设"重要窗口"的基础桩、硬底线、加分项。自2005年磐安县审时度势作出建设平安磐安的重大决策部署以来，全县上下坚持以"八八战略"为统领，以排头兵的姿态高水平推进平安磐安建设，构建了具有磐安特色的"党建+社会治理"平安工作体系和工作格局。

磐安平安工作建设能量何来，魅力何在？有哪些经验值得推广借鉴？县融媒体中心《牢记总书记嘱托 建设重要窗口》栏目组专门走部门、下基层采访，从平安创建中真切感受社会治理的创新力量。

---

[1]浙江省中国特色社会主义理论体系研究中心.从"平安浙江"到"平安中国"[N].浙江日报，2018-07-25（5）.

重心下沉 事事有着落 件件有回音

让老百姓有地方"找个说法"!

双溪乡山城管事工作站老傅工作室就是这么个地方。

老傅工作室就在乡政府门口。这栋两层小楼,地方不大,"肚量"不小,涵盖了综治、司法、民情、心理疏导、矛盾调解等五大板块,还联合了县公安局、安文派出所。

自2019年9月6日开张以来,这里"吃"进群众纠纷和诉求500多件;"消化"功能也不错,矛盾纠纷化解率达99.9%,群众满意率达100%。这里的工作机制采用"一村一警""民警驻站"等形式,山城管事员担负起警情预处置、矛盾纠纷排查化解、重大信访案件督办、基层社会治理、公共治安宣传等各项工作。

2020年64岁的傅潮华是双溪乡特聘的山城管事员,这间老傅工作室的主要负责人就是他。每天,老傅准时到工作室上班,凭借多年的工作经验和热情的工作态度,协助乡里处理各种各样的投诉、纠纷。

3月9日,天刚泛亮,双溪乡下园村村民金杨忠就骑上小电驴,直奔"老傅工作室"而去。

"17年了,造房子的事情不能再耽搁了,没人出面协调,这事又要黄了呀。"原来,金杨忠和隔壁邻居金某之间在房屋所属问题上存在历史遗留矛盾。17年来,这一矛盾导致金杨忠无法盖新房,每次协调,

双方都在争执中不了了之。眼看着孩子长大,乡亲们都住上了新房,金杨忠觉得"拖下去不是办法",着急求助山城管事员傅潮华。

老傅的热心和专业,在乡里是出了名的。"脑子里有知识储备,手头上有经验方法。"老傅给自己总结了两大优势,乡亲们都愿意请他帮忙,听他调解。

第二天一早,傅潮华召集事件双方当事人、村干部代表和乡干部代表,经过一天的耐心劝导和细致调解,上来就脸红脖子粗、拍桌子瞪眼睛喋喋争吵的双方当事人握手言和,在调解书上签字按手印。最终,这件麻烦事儿以"同时拆旧房,一起盖新房"的圆满结局收尾。

如今,两家的新房已经结顶。金杨忠把"心系百姓解困排忧,山城管事真情为民"的鲜红锦旗送到傅潮华手中,"我们老百姓办事就怕找不到门、找不到人,现在有了山城管事,什么事都可以有地方说了。"

为让老百姓遇到问题能有地方"找个说法",磐安的山城管事队伍不断壮大,公安、妇联、网格员、党员等群体纷纷加入,全县239个村居都有人"管事"。2019年,全县矛盾纠纷同比下降51.83%。

为了让群众少跑路,磐安把"最多跑一次"改革理念运用到社会治理领域,建成了县社会矛盾纠纷调处化解中心,建立了访、调、诉、裁、援一体化分流机制,初步形成集指挥决策、预警预测、多元化解、社会防控于一体的上下联动、左右协调的工作体系,切实把矛盾解决在萌芽状态、化解在基层。

在磐安，一个个网格，一支支由基层党员、法务工作者、专兼职网格员等组成的山城管事队伍，成为活跃在城乡街头社会治安最前沿的"哨兵"，筑牢了平安的"篱笆"。

共建共享 守住大平安 实现真小康

对于群众来说，平安意味着安宁的居所、安康的生活、安全的环境、安定的社会。群众既是平安浙江建设的成果享有者，也是重要的实践参与者和成效评价者。

20多年前，盘峰乡盘峰村村民郑有花和大多数人一样，想的最多的是如何创业赚钱，但眼看着城乡日益富裕、生活环境越来越好，她的期盼变成了更和谐、更有品质的生活。

为此，她自愿报名加入山妹子互助队和平安志愿者，和伙伴们走村入户推广垃圾分类、巡逻大街小巷守护安全、处理矛盾纠纷促进和谐等，收获了满满的成就感。

除此之外，考虑到盘峰乡留守老人比较多的情况，她把自己的一部分来料加工业务派送到农村。空闲的老人帮忙制作衣夹就能得到报酬，手脚麻利的一天能赚50多元。来料加工点总是挤满了前来"上班"的老人，他们一边干活一边交谈，其乐融融。这里俨然成了留守老人亲情陪伴、安全监护、紧急救助的一站式关爱服务点。

留守老人饱经风霜的脸上洋溢着的幸福笑容。这，就是郑有花对平安的定义。

平安，在不同人眼中，有不同的定义。仁川镇百杖新村下石岗自然村停工6年的通村公路建成通车，当地老百姓实现了"把车开到家门口"的愿望，在他们心中，平安就是高高兴兴出门，平平安安回家；新渥街道大麦坞村搁置了多年的旧村改造工作顺利启动，整村搬迁搬出了整洁美丽的村庄和和谐友爱的邻里关系，他们心中的平安就是平凡却不平淡的美好生活；玉山镇打通了十多年的"断头路"，投资23亿元的玉岑山居项目进驻并"开花结果"，为当地的经济发展带来了无限的希望，他们心中的平安就是无限可能的未来……

当前，磐安县正处在大投入、大开发、大建设、大发展的关键时期，这对社会治理和平安稳定也提出了更高要求。

9月2日一早，位于方前的浙江磐安冠权玩具制造有限公司门口，一辆满载货物的集装箱缓缓驶出，目的地是宁波港口。企业负责人任德勇站在门口，长舒了一口气，"办企业不容易啊，要不是在磐安，我可能还做不出今天的成绩"。

任德勇是台州黄岩人，2013年到方前投资创办"冠权"公司，通过几年的打拼，已成为方前镇最大的工业企业，是方前竹木制品产业的引领者。

"企业有困难，政府来帮忙，小事不出厂，平安有保障。"在任德勇眼里，他的成功，离不开当地政府的大力支持。磐管家一对一驻企服务、每月进行安全生产培训与检查，磐安把全县企业纳入网格管理，每个网格配备专属网格员。这些网格员既熟悉网格情况，又懂安全生产、日常纠纷化解等工作，通过干部下沉，为企业提供更快捷更优质的服务。

因地制宜 聚沙成塔 焕发活力

漫步磐安，热闹繁华的县城里，座座高楼拔地而起，车辆如梭人忙碌；走在乡村，鸡犬相闻景致好，阡陌交通产业兴。无论是城市还是乡村，磐安都呈现出一派宁静祥和的景象。

县委书记王志强指出，平安建设事关全县经济发展大局，事关群众对美好生活的向往，要深化构建平安建设工作大格局，不断健全工作体系和制度体系，全力推进县域治理现代化，努力建设更高水平的平安磐安、法治磐安。

翻开平安建设的成绩单，磐安一直是"优等生"：自2005年全省作出平安浙江建设的重大决策部署以来，磐安每年都以优异成绩获评平安县。平安鼎、平安铜鼎、平安银鼎、平安金鼎和一星平安金鼎接踵而来。

夺鼎是一个长期的过程。在平安创建之初，磐安县就清醒地认识到，建设平安磐安、构建和谐社会，是一个动态变化的发展过程、是一项长期艰巨的任务。长久以来，磐安把平安建设作为一项长期战略任务，一级抓一级，层层抓落实，构建起了严密的平安建设组织体系。不仅如此，磐安创新党政部门"包揽事务"的传统模式，充分发挥基层群众力量，建立"夕阳红公益站""管头管事""山妹子互助队""平安志愿者"等社会组织，最大限度实现"大事一起干、好坏大家判、事事有人管"的共建氛围。

多年来，磐安积极探索具有当地特色的平安路，把深化"平安磐安"建设作为各级党委、政府的"一把手"工程，以"基层党建+社会治理"创新为引领，大力推广"六无善治""山城管事"等经验做法，全面开展"基层基础提升年""扫黑除恶专项斗争攻坚年"活动，逐渐走出了一条治理过程群众参与、治理结果群众满意、治理成果群众共享的社会治理新路子。

这一体系，不断焕发出与时俱进的机制活力。

在乌石，这个仅有800余人的偏远小村庄，被称为"金华农家乐第一村"。2019年，这里涌进了70万游客，最高日接待游客4200人。产业的拓展、人流的增加，倒逼该村与时俱进创新社会治理。这里因地制宜实践总结出了"管头管事十法"。十余年来，管头村从未发生刑事案件，也没有发生过火灾等安全事故，更无人上访，村庄和谐有序。这一切都得益于磐安县平安工作的扎实基础和有效落实。

在仁川，"雪亮工程"建成了公安和综治两个监控平台，200多个监控探头全天候守望，"基层治理四平台"纵向全贯通、横向全覆盖，不断创新社会治安防控手段。全县3137个监控和2.5万路社会监控织就了一张全覆盖的天罗地网，刑事警情同比下降32%。

在新城区，每月定时召开的整改工作会议通过各村自查自纠、工作小组整改、"打树强促"活动等方式，充分展现了"三治融合"着力推进自治、法治、德治三架齐驱，促进各治理主体互联互通、共享共治的点滴变化。

平安磐安建设15年，人民群众安全感满意率连续15年位居全省前列。这就是磐安县平安建设工作成效的最好证明。

县委政法委相关负责人表示，他们将以人民群众的平安需求为导向，坚持保稳定、促平安、强基层、严整治，不断提升政法队伍核心战斗力，努力建设层次更高、实效更强、人民群众更满意的"平安磐安"。

迈入平安磐安建设第16个年头，这座含金量极高的"一星平安金鼎"鞭策着磐安向着更高目标奋进，以更高质量、更高水平的平安建设成效，为磐安县"重要窗口"建设和高水平全面建成小康社会保驾护航。

文｜张黎明 杨莹萍 陈兆贤 周晓强 黄家林

打好"两战" 守住浙中一方净土

2020年春节期间,一场突如其来的新冠肺炎疫情打乱了所有人的节奏。在习近平总书记亲自部署、亲自指挥下,全党、全军、全民迅速投入疫情防控的人民战争。

疫情就是命令,防控就是责任。县委常委会先后15次专题研究部署统筹"两战"工作,第一时间启动疫情响应,充分调动全县上下各方面力量,迅速形成统一指挥、统一协调、统一调度、统一行动的新冠肺炎疫情防控格局。根据上级部署撤销卡口后,磐安县充分运用"基层党建+"和智能科技手段,全力打造区域全覆盖、流程全闭环、管理全时段的精密智控体系,用无形的网格管控代替有形的卡口管理,守牢重点人员管控的"小门",打好疫情防控阻击战、经济发展总体战,守住了"浙中一方净土",快速推

进生产生活秩序恢复。

如何做到管理更精准、防控更有效？磐安县创新性地提出"网格管理颗粒化、作战单元最小化"模式，将全县14个乡镇（街道）划分为283个区域网格，每个网格严格执行"网格长、网格指导员、网格警长、网格医生、山城管事员+若干个兼职管事员"的"5+N"管理。把主次干道、背街小巷、民房等全部纳入单元网格要素，根据企业、项目、学校、景区、寺庙及道路、楼栋等区域功能，按"农村15户左右、社区以幢为单位、企业（项目）以规模大小"标准，将区域网格再划分成6853个颗粒网格。整合村（居）、行业主管部门、社区共建单位、联系机关部门、学校、企业和"山妹子"等党员干部网格员1.5万余名，按照"就近就亲就便、1人联15户"原则包网包人包干排查，逐人"查身份、查来源、查去向"，实时紧盯和详细摸清流动人员行踪轨迹，实现全域流动人口"1+14+283+6853+15000"的"颗粒化"全覆盖管控，保证在撤销所有卡口的同时，牢牢把住县、乡、村、居、企、校、家各扇"防疫门"。

说起那段"烽火岁月"，荷塘社区支部书记陈东升感慨万千。荷塘社区是县城面积最大、人口最多的社区，防控压力巨大，尤其是卡口撤销后，面临着外来人员失管的风险。根据全县统一部署，荷塘社区划分为3个大网格、47个红色网格、159个"颗粒"网格，每个"颗粒"网格都有一名社区党员干部担任网格员，负责外来人口排查、统计、上报。小"颗粒"发挥了大作用。2月23日，一名网格员在排查时发现，一名县外人员坐公交车返磐，社区工作人员第一时间将其送往集中隔离点隔离。3月1日，一名外省在磐务工人员返磐，业主马上报告网格员，网格员上门做了一个多小时思想工作，将其送往集中隔离点隔离。疫情期间，荷塘社区共排摸外来人员、返磐居民3800余人，管控重点区域来磐人员125人，集中隔离495人。

陈东升介绍，随着疫情的好转，防控压力逐步减轻，但网格员队伍的作用仍在发挥，特别是在配合重点项目建设、防台防汛等方面发挥了很大作用。"黑格比"台风来临之前，社区网格员通过"颗粒"网格微信群第一时间把台风实时情况发送到每户居民，通知大家做好防范；台风过后，又以最快时间把损失情况统计上来。下一步，在做好疫情常态化防控的同时，社区将把网格工作重点转移到平安建设、重点项目建设上来。

疫情期间，群众生活受到很大影响，为了疫情防控和保障群众生活两不误，磐安县的基层网格员主动承担起"红色代购员"的角色。任新华是原外井坑村党支部书记，2018年行政村撤并后担任施家庄村村务工作领导小组组长。疫情期间，任新华同时挑起全村"颗粒"网格长和"红色代购员"两副担子。施家庄村下辖施家庄、外井坑、里井坑、岩门4个自然村，其中岩门自然村是方前镇最偏远的村庄，距离集镇有20多公里，道路崎岖，路途遥远。任新华每天都要第一时间收集各个"颗粒"网格员上报的外来人员信息，并及时上报方前镇疫情防控指挥部。每天晚上，任新华都要跑遍4个自然村，挨家挨户上门收集村民需求信

息。第二天一早，他就开着自家工具车赶到镇上，一样一样买好，挨家挨户送到村民手中，回到家往往已是半夜。面对妻子的抱怨，任新华说，我是党员，理当为村民多做点事情。

在县委、县政府的正确领导下、全县干部群众的奋勇拼搏下，磐安实现了"零病例"，守住了"浙中一方净土"，为推进复工复产和社会秩序恢复下好了"先手棋"。2月中旬，磐安县工业和重大项目有序复工复产，县内城乡公交恢复运营；2月20日起，全县旅游景区、民宿开始复业，"六小"行业开张经营；3月8日，举行重点项目集中开工仪式。

复工复产加快经济复苏的同时，也为疫情防控带来压力。磐安县按照"属地管理""以房管人""以企业管人""以项目管人"原则，乡镇与村居、企业，村居与房东层层签订责任书6540份，房东与租户、企业与员工"一对一"签订承诺书11305份，压紧压实管控责任。大网格、小网格、专班组分别建立流动人口排查微信群，向属地派出所及时上报外来人员信息，做到"即变即报、事不过夜"；属地派出所将流动人员数据统一录入"公安流动人口分级分类管理系统"。全县334名山城管事员和120名"一村一警"按"一名村警+一名山城管事员"组合方式2人共盯一村，对照已录入管理系统的人员信息，分村逐户上门核查非磐安籍外来人员和近期从金华市外返回的磐安籍人员两类重点人员旅居史和接触史，并上报县大数据局审核备案，为全县复工复产提供基础数据依据。

在磐安工业园区，工作人员陈帅每天上午8时和下午4时都会到定点隔离点，为一家指定服务企业的两名分别从安徽萧县和江西丰城返磐四色预警管控人员测量体温，督促他们戴好口罩。复工以来，磐安工业园区安排33名网格员对接16家企业的37名黄色预警返工人员，与企业负责人、医生、公安一起，管理居家医学观察对象。

为实现精准管控，全县各乡镇（街道）、区块对照国家、省、市三级动态疫情图风险区域划分和县四色预警标准认真做好甄别，根据甄别结果确定来磐返磐人员五级管理等级，及时落实防疫管控措施，并第一时间上报县疫情防控指挥部。指挥部每天开展一次研判会，集中审看研判所有上报的材料，现场或连线听取相关单位情况汇报，由指挥长抽查问话，对落实不力的当场指定相关专项组成员第一时间到实地督导，通过"看、听、问、督"促使各项防控措施落实到位，确保"黄码"及以上人员不脱管、不漏管，真正实现"排查、识别、管控、监督"闭环管理。

早在2月24日，全县规模以上企业复工率100%，省市重点项目复工率100%，规上服务业复工率100%，返岗返工17278人，网格管理精准率100%。

同时，磐安县认真落实稳企助企惠企各项政策，出台支持企业渡过难关18条，制定实施县领导"十联系"、驻企服务等工作制度，深入开展"送政策、解难题、提信心、促发展"大走访大服务活动，兑现落实"五减"政策资金9.96亿元，惠及企业5183家。金融机构新增贷款25.1亿元、小微企业贷款8.62亿元、制造业贷款4.92亿元。

身心两安，自在磐安。当下，疫情防控已进入常态化，经济社会发展已基本实现正常化。一场战"疫"经历，让我们空前地团结到了一起；一场复工复产苦战，让我们迸发了超常的工作激情。"打两战，两战都要赢"，这是我们的战斗誓言，我们做到了，成功了！这充分说明，磐安铁军是有战斗力的，磐安这片土地是能干成事的。这也充分表明，高水平全面建成小康社会的决胜目标是一定能够实现的。

文 | 张黎明

诚信市场揭秘
——从浙八味药材城感受社会治理的创新力量

2003年6月,时任浙江省委书记习近平到磐安调研时指出:"药材产业是磐安富县的一个重要载体,尤其'浙八味'中的'磐五味'在市场上已有一定的知名度。必须着眼于建立产、供、销一体化的发展体系,要注重生产基地建设,以基地为纽带促进企业与农民建立起比较牢固的'利益共同体'。"

磐安干部群众牢记总书记嘱托,一以贯之推进中药产业转型升级和创新发展,大力推进标准化种植、加工和诚信市场建设。

2020年9月14日,磐安县融媒体中心《牢记总书记嘱托 建设重要窗口》栏目组走进江南药镇,深入田间地头、市场商铺,感受社会治理推进中药产业发展的创新力量。

种植绿色化

药材好,药才好。近年来,磐安县积极引导药农进行绿色种植,实行农资实名制和化肥定额制,向药农推广使用高效低毒低残留、生物型药剂,减少农药化肥的施用量,在提高药材品质上下功夫,助力磐安道地药材"优质优价",促成磐安县中药材产业"名利双收"。

这两天,有着40多年中药材种植经验的新渥街道庄基社区百央村药农陈宝昌正忙碌着,35亩贝母、15亩元胡共1.5万多公斤的种子和优质基肥已经准备充足。"我们种植药材都用绿色有机肥代替化肥。"陈宝昌告诉记者,政府重视绿色种植,每年还会给药农相应补贴,"绿色种植的贝母、元胡、玄参、白术等中药材长势好、品质佳,价格自然也跟着上涨,我们从不担心销路问题!"

磐安县中药材种植面积约8万亩,以"磐五味""新磐五味"等道地药材为主要种植品种。"为确保中药材品质,磐安县在新渥街道庄基社区、冷水镇白岩村、仁川镇方山村等地实施了万亩中药材标准化示范基地建设项目,实行统一管理和技术指导,带动广大药农规范化种植。"县中药产业发展促进中心技术人员宗侃侃说。

自2019年11月,磐安县启动了全域中药材质量追溯系统项目,按照"全要素、全流程、全系统"的总体要求,综合利用物联网、大数据等现代信息技术,构建以溯源、监督管理信息为核心的中药材质量追溯服务平台,实现中药材从种源、种植、田间管理、采收、加工、仓储、运输、检验、包装、赋码的全流程追溯所需信息、统计汇总和展示所需信息的采集,覆盖了中药材全产业链各个环节。

加工无硫化

在磐安中药产业创新服务综合体一楼大厅里,从商事登记、金融服务、农技服务、品牌服务、加工仓储到质量检测等服务柜台一字排开,还有触屏版的全国中药材专家服务可供选择。从中药材种植、销售到运输、加工甚至资金等所有问题,都可以在这里得到一站式解决。

该综合体为磐安县中药材产业全链提供各种服务和保障,并通过"统一包装、统一标识、统一赋码"的"三统一"标准和"共享加工、共享仓储、共享检测"的"三共享"服务,全力护航"浙产好药"。

浙贝母是"磐五味"重要一味，磐安是全国浙贝母的主产地之一。

"三分种，七分收，好药靠加工。"县中药产业发展促进中心工作人员羊鑫波介绍，为规范浙贝母初加工流程，避免因加工不当导致浙贝母品质不合格，磐安县将县内11个中药材产地集中加工点纳入江南药镇中药质量联盟，实行"三统一"管理。

位于新渥街道庄基社区的江南药镇中药质量联盟七号专业合作社有6台烘干机，仓库占地741平方米，截至目前已加工中药材780吨。陈金亮是庄基社区的药农，前两天来这里加工了贝母片1吨，贝母干1800多公斤。他指着一袋袋中药材说："我们把药材从地里挖出来就直接拿到这里来加工，又省力又方便，而且加工的效果还好。有什么疑问大家只要一扫上面的二维码就可以看到药材的详细信息，大家放心，我们好卖！"

通过"共享加工、共享仓储、共享检测"，从根本上解决浙贝母滥用硫黄熏蒸问题，为实现产地中药材加工的提档升级奠定了坚实基础。同时，磐安县已连续6年实施"金甬两地"合作机制，连续两年推行"三县两市"合作禁硫，与宁波市海曙区、仙居县、缙云县、东阳市、永康市等五地强化信息互通，合力开展禁止硫黄熏蒸中药材和中药饮片专项整治行动，共同维护"浙产好药"品牌，共建中药材质量安全防线，构筑药品质量创优新秩序。

目前，磐安县通过"三统一、三共享"模式已累计加工浙贝母鲜品6000吨，有效规范了中药材产地初加工，切实做到了源头可追溯、质量可管控。据了解，下一步，将继续创新体制机制、强化技术支撑和政策法规保障，围绕中药材质量提升发力，维护"磐五味"金字招牌，全力打造"浙产好药"。

市场无假货

2020年9月14日上午,义乌游客马桂法带着亲朋好友来到浙八味药材城选购中药材产品。"一年我少说要来磐安十来趟,这里环境好、空气好、药材品质更好,有需要了我就会到磐安采购中药材和当地特产。你看,今天后备厢又装得满满的了!"马桂法边说边打开汽车后备厢。

2009年11月18日,建筑面积28.8万平方米的浙八味药材城试营业,当时只有70多家商户。2011年开始,管理部门尝试将市场融入旅游线路,主动对接上海旅行社,市场开始慢慢打开,全国各地客商大量涌入。现在,浙八味药材城是长三角地区设施最完善、配套最齐全、规模最大的中药材交易市场,入驻中药经营户574家,2019年销售额达35亿元,中药全产业链产值达70亿元,90%以上的浙产道地药材从这里走向全国和世界。药材市场背后,有磐安县三分之一人口、6.1万人的从业大军。江南药镇已入驻国家级高新技术企业4家,已有95家中药制药、配方颗粒、饮片加工企业陆续落地。

诚信经营是商铺在市场竞争中不可或缺的重要品质之一,更是生存发展之本、开拓创新之基。药材市场蓬勃发展的背后是诚信经营的有力支撑。

"做药材生意,钱少赚一点不要紧,最重要的就是讲诚信!只有卖好货、卖真货才能走得稳、行得远。"来自温州苍南的郭和科2000年就来到磐安做中药材生意,从最初的县城特产城到现在的浙八味药材城，在磐已经整整20年。为了确保药材的优质，郭和科一直坚持到原产地选货进货，严格核对进货票据，他说这样开店心里才踏实。

诚信市场也少不了监管。据新城市场监督管理所所长朱剑辉介绍，近年来，市场监管局坚持党建引领、广泛开展宣传和培训、强化日常监管、开展专项整治等方式，在中药材生产、初加工、中药饮片经营、使用等环节实施全程监管，大力打击硫黄熏蒸浙贝母、生产销售假劣中药饮片等违法违规行为，清理整治不良供应商，以铁腕手段严格把关药材品质。

如今，江南药镇远不止"浙八味"，早已实现买自全国，卖向全国，甚至走向世界，道地中药材已然成为磐安的"金名片"。好药的生命在于质量，产业的发展依靠质量，磐安县精心出台中药产业振兴发展规划、制定扶持政策，全力打造"磐五味"道地药材品牌，推动中药产业可持续高质量发展，全力打造"全国精品道地药材主产地、中药产业振兴发展策源地、浙产道地药材集散地、中药产业技术研发新高地"。

文｜张黎明 羊洋 黄家林 周晓强

小产品做出大市场
——来料加工让村民走向共富裕之路

> **习近平同志指出：清除贫困，改善民生，逐步实现共同富裕，是社会主义的本质要求，是我们党的重要使命。**[1]

20世纪90年代，磐安县农村劳力形成了"三个三分之一"格局：三分之一劳务输出，三分之一在家务农，三分之一从事来料加工。

妇女能顶半边天，勇于探索的磐安妇女发挥了巾帼不让须眉的作用。27年前，她们从义乌引进了被称为"无烟工厂"的来料加工业；27年来，她们不断发展创新，来料加工业从小到大，目前已发展为从业人员4.5万人、年发放加工费4.9亿元的大产业，成为千家万户奔小康走向共同富裕的有力支撑。

来料加工之花为什么这么红？来料加工发展为什么这么快？小产品怎么做成大市场？《牢记总书记嘱托 建设重要窗口》栏目组采编人员带大家一起追根寻源，感受来料加工服务群众的首创力量。

花落磐安

如果把来料加工比作一朵鲜花，那么，周爱珠就是那个最早的种花人。她是磐安县引进来料加工第一人。

周爱珠是尖山镇斐湖村人，家中人口众多，日子过得相当艰难。23岁那年，周爱珠与同村青年周加成结婚，公公不幸患癌症，日子更加艰难。穷则思变，坚强的周爱珠

---

[1]宋亚平.新形势下打赢脱贫攻坚战的战略指引——深入学习贯彻习近平同志关于扶贫开发的重要论述[N].人民日报，2016-11-28（7）.

决心用自己的双手撑起这个家，为此，她学会了所有农活，但收入甚少，日子还是那么难。

1991年，村里组织到东阳花园村考察，周爱珠看到家家户户在织草席，就问花园村党支部书记有什么家庭副业适宜山区人做，得到的回答是到义乌寻商机。可对于只读了两年书、最远也就到过花园村的周爱珠来说，义乌好比天涯海角，但希望的种子已经在她心底萌芽。

两年后，1993年春节刚过，周爱珠带上女儿来到义乌。女儿那一身漂亮的毛衣引起了一位台湾老板的注意，对毛衣上的两个珠子挂件特别感兴趣，就问衣服是从哪儿买的，听说是周爱珠自己一针一线钩出来时，台湾老板顿时惊讶不已，她就让周爱珠试钩头花。看到周爱珠一学就会，台湾老板点头称赞，并让她带了500只头花回家加工。回到家里后，周爱珠叫来亲戚朋友一起帮忙，可她们压根不会，周爱珠只好自己一个人做。为了赶时间，她每天都钩到深夜，当把500只头花如期送到台湾老板手中时，对方十分满意，当场付给她200多元加工费。她高兴地对丈夫说："200多元，抵过两头猪了呢，钩头花肯定能挣钱！"第一年，她就赚了两万元。

但周爱珠做来料加工并非一帆风顺，历经曲折甚至差点倾家荡产。

1994年初,她贷款5000元接了一位台湾客商的第五笔订单,十元一天请人做了一个月,结果因为质量问题被退货;还有一次,她把货物运到义乌,却被三轮车夫骗走了。这一年,她把前一年赚的钱都赔了个精光,还欠下了银行的贷款。台湾老板非常同情这位农村妇女,1995年又一次打电话,让周爱珠去接一笔头罩业务。这次,周爱珠领回原料后,发动30多人进行加工。有了前一次的教训,周爱珠严把质量关、时间关。靠着这笔头罩业务,周爱珠不仅还掉了银行的5000元贷款,自己还有500元的利润收入。拿着500元钱,周爱珠像拿到冠军奖杯一样,一向坚强的她流下了激动的泪水。

1995年底,周爱珠到丈夫工作所在地玉山镇发展来料加工。通过宣传发动,共有100多人报名参加头花技术培训,可培训完后只有两名妇女愿意为她加工头花。由于人力严重不足,她的业务无法按期完成。为了赶货,周爱珠白天在玉山手把手教妇女织头花,晚上赶回斐湖老家回收成品。尽管这样来回奔波,还是不能如期完成业务,结果又亏损了一大笔钱。再一次失败的教训让周爱珠明白,头花加工要稳定发展,关键要有一批有技术的从业人员。从此，周爱珠把重点转向技术传授。在她手把手地传授下，一批又一批农村妇女掌握了头花加工技术，一传十、十传百，一直传到千家万户，传到了安文、新渥等外区域乡镇。

经过几年拼搏，周爱珠富了起来，在义乌买了店铺，在东阳买了房子。周爱珠很知足，因为头花不仅使自己生活富裕了，而且让许多人走上了脱贫路，每年有四五百人给她做加工，平均每年发放来料加工费120万元，还带出了二三十名来料加工经纪人。

花开满园

一枝独秀不是春，百花齐放春满园。如果说来料加工是一团火，那么我们还应该记住那一批举着火把奔走播撒的"二传手"。玉山镇铁店村原党支部书记周培光就是周爱珠带出来的好徒弟。

见到周培光，她正在盘点2020年的订单总额。"2019年订单150万元，2020年已经有近100万元了，疫情对我根本没影响，超过2019年已成定局。"她高兴地说。

1999年，周培光和丈夫双双从国企茶场下岗，在最迷惘无助的日子里，镇里的驻村干部提议她去请教周爱珠，学做来料加工业

务，这为周培光再创业指明了方向。1999年7月，周培光和同村的几名妇女跟随镇干部赴义乌参观考察来料加工。镇政府非常重视发展来料加工，在义乌成立了"玉山镇来料加工办事处"，专门负责来料加工业务接单，并安排周培光驻守义乌。

"走遍了半个义乌，那时候都是穿旅游鞋，四个月穿破了三双鞋。"现在回想起来，周培光仍不胜唏嘘。2000年，38岁的周培光和一位义乌老板碰巧结缘，两人商定一起创业：周培光负责制作加工，义乌老板负责原料和产品回收。两人第一次的合作堪称完美，20万元的订单如期高质量完成。后来合作不断升级，周培光还与十几家企业建立了固定的合作意向。第一年周培光交出了发放来料加工费120万元的成绩单，她自己也赚到了20万元利润。

周培光创业的脚步遍及磐安县各乡镇，她叫丈夫骑着摩托车载着她四处送货收货，加工业务供不应求，带动了县内多个乡镇来料加工业的发展。

星星之火，可以燎原。头花加工因为无污染、不受天气影响、可以顾家又赚钱等原因，深受男女老少喜爱，来料加工发展如雨后春笋、势不可挡。

安文街道朱三莲，发展了16个加工点、从业人员达1000多人，年发放加工费190万元；冷水镇残疾妇女陶新花，带动两三百人致富，帮助十几名残疾人就业，基地还建到了江西、贵州等地；玉山镇韦利丹，11年来承接业务上千单，带动了上百个家庭脱贫……来料加工像一场接力活动，把这盏"致富灯"传送到了千家万户。2007年，全县来料加工业产值突破1亿元，人均增收600元。

花好梦圆

"哈喽，大家好！欢迎进入我的直播间……你们看，这件礼品衣服还有小丑连体舞台衣都是我们自己加工制作的。我们是专门承接礼品装和舞台服装的，各位老板有需要的话欢迎随时联系我噢！"在县城芭蕉坞小区一加工点内，苗族姑娘王海琴身着少数民族服装，正拿着手机给粉丝直播介绍他们的加工产品。

王海琴是磐安县少数民族联谊会副会长，见到她时，她正在帮她的好姐妹李红艳宣传产品和招募员工。李红艳是一位云南彝族姑娘，

2003年嫁到磐安，2008年做起了加工地板鞋的活儿，2020年3月，李红艳重拾来料加工业务，招募了十多个少数民族妇女，目前，她的加工点已有20多万元的产值。

来料加工蓬勃发展的同时，手工速度慢、代加工利润低、加工人员报酬少等弊端日渐显现。为了提高来料加工的效益，磐安县来料加工经纪人又开始了新的探索：加大产业结构调整力度，推行机械化生产，用电车代替手工；开展产品设计，提高附加值。陈秋仙是双峰乡的一位来料经纪人，电车已经更新换代了两次，从平车向电脑缝纫机发展，现在有电车80台。电脑缝纫机线头不用手剪，效益比手工高出一倍，比平车高出30%。

卢仙娟是冷水镇来料加工经纪人，她已经从加工点的粗放式管理走向了企业化的精细化运作，企业聘请了专业管理人员和技术人员，业务从简单接单走向了根据顾客需求自主研发。这样一来，企业利润提高不少，也可以给员工更高的工资，还可保证质量。

来料加工业的蓬勃发展离不开政府部门的大力扶持。近年来，县财政每年拨出150万元左右资金扶持来料加工业发展；出台低收入农户从事来料加工奖励政策，共有88名低收入农户享受到了9.3万元的政策补助。相关部门多次举办来料加工大比武，多次带领经纪人到各地参展，让大家互相交流，互学互比，对接客户，增加订单。2012年成立了县来料加工服务中心，2013年成立了来料加工经纪人协会，提供信息咨询、技能培训、帮困解难等各项服务。县妇联还牵头成立来料加工经纪人资金互助会，筹集股金290万元，2019年共有26人贷款680万元解决资金周转困难等问题。

小产品做出大市场。来料加工业已成为磐安县农村增收致富的一个大产业。

文｜施委　卢樟海　潘乔　王卓

小服务做出大民生
——从"365窗口"感受服务群众的首创力量

唯改革者进，唯创新者强，唯改革创新者胜。

尖山镇胡宅村是乡镇行政区域调整前胡宅乡政府所在地。如今在全国普遍推行的"365便民服务"就诞生在这里，成为全国首创的便民服务措施。

2003年6月，时任浙江省委书记习近平第一次来磐安调研，他指出："'365服务窗口'是磐安的创新，是党和政府联系群众的桥梁和纽带。要把这一制度长期坚持下去，并不断加以完善，为老百姓提供系列化的服务措施。"

总书记的话语如春风，温暖鼓舞着磐安干部群众；如明灯，照亮指引着磐安的改革创新。

县融媒体中心《牢记总书记嘱托 建设重要窗口》栏目组采编人员追根寻源，从365窗口感受服务群众的首创力量。

萌发在偏远山乡

峰峦澄溪岭，让走出胡宅十余年的张方荣至今感怀：不改革，对不起胡宅人。

张方荣现任县人大常委会副主任，19年前，他是胡宅乡党委书记。胡宅乡是一个偏远大乡。说它偏，因为它距离县城60公里，是磐安最远的乡镇，村庄分布在大小山坳中，最远的村离乡政府11公里；说它大，因为它人口不少，全乡18个行政村、11156人。

张方荣"不改革，对不起胡宅人"的感慨生发于一对打工青年。改革开放的春风吹拂山乡，胡宅乡农民纷纷走出大山外务工经商，每年有劳务输出人员4000多人，许多人要开具劳务输出介绍信、计划生育证明、结婚登记、户口迁移等材料。

2001年农历正月，胡宅的一名年轻人想要在外出打工前登记结婚，而当日正值全

县干部大会,乡干部都在县城开会。因此,这对青年的婚期耽搁了一天。这样的例子不在少数。

当时磐安县正大力开展"三个代表"学教活动,胡宅乡党委、政府以此为契机,在全乡开展了"群众盼什么?干部缺什么?今后干什么?"为主题的调研活动。乡班子成员带队深入农户征求意见,发现"办证难"的问题最为集中。普通的户口迁移、劳务输出介绍信等证明材料,往往因为经办的乡干部休息、下村、出差等原因不能及时办理,群众普遍反映"到乡里办事真难"。

"党政机关,连一个普通证明都办不了,还谈什么服务老百姓?"这一番扪心自问,让张方荣迫不及待地谋划"办证难"的破难举措。

随后,张方荣与民政、计生、劳动等相关部门协商,建议相关部门授权集中办事。在他多方沟通、对接、联系下,胡宅乡的"365办事窗口"在2001年2月17日挂牌成立。"365办事窗口"主要提供八项服务,即婚姻登记、办理户口迁移、申领居民身份证、办理计划生育证明、开具劳务输出介绍信、接待来信来访、提供办事指南。

胡宅乡挑选了三名政治素质好、业务能力强、责任心强的女干部担任办事窗口工作人员。三名办事人员通过岗前学习、统一培训取得办证资格。三人365天轮流值班,只要符合办事标准和条件的,随到随办,全身心服务老百姓。为了让老百姓记住咨询电话,胡宅乡特意把窗口电话换成方便记忆的号码4701365。

此后,"一人掌管六个印、天天服务老百姓""拨打4701365,需要服务找政府"等宣传语,通过会议、广播、横幅等广为宣传,一时间家喻户晓。

"365办事窗口"虽然办理的是最平常的事项,但对老百姓来说却都是"大事要事"。它的成立,不仅体现了政府想方设法帮助群众办实事,更折射出政府职能由管理向服务的转变。

胡宅乡设立的"365办事窗口"平均每年办结事项8000多件,最多的时候有两三万件,受到了群众的一致欢迎,有力助推了社会稳定和平安建设,密切了干群党群关系。县委及时进行总结,很快在全县各乡镇推广开来。

探索在脱贫路上

一石激起千层浪。

胡宅乡的"365办事窗口"如雨后春笋,迅速在磐安大地"蔓延滋长",在全国各地"开花结果"。2001年3月,磐安县各乡镇都设立了"365办事窗口"。2001年7月,中组部肯定了磐安县的做法,称赞"磐安365办事窗口是党群干部的连心桥"。

2003年6月13日,这一天是值得磐安人铭记的日子。时任浙江省委书记习近平来磐调研考察。在当时的新渥镇"365办事窗口"与办事的群众热聊,询问窗口便利服务情况。

习近平说:"我们办'365'的宗旨是方便群众办事,所谓便民,主要还是要方便最困难的农民,办事不便的农民。因此,不仅要坚持设立窗口等农民上门服务,还要探索方便偏远地方农民的登门服务,送服务上门。"

新渥街道牢记总书记嘱托,不断优化服务和扩大服务范围,"串农户、知农情;解民忧、致民富",竭力把"365办事窗口"打造成群众与干部联系的桥梁和纽带,不断拓展延伸办事功能,建立"庄稼医院",开展"农技110"服务。

为了更好地服务农民,县乡两级农业技术人员互相配合,成立了专家团,常常主动到田间地头为农民释疑解惑。"庄稼医院"为药农增收、药材产业振兴、江南药镇建设立下了汗马功劳。

除了优化窗口服务外,偏远山区群众、残疾人等特殊群体办事不便也成了新渥街道关注、改革的焦点。原新渥镇党委书记陈平了解到,各村会计几乎每周都会来一趟镇政府签文件。于是,陈平就让各村的会计担任"365代办员",困难群众只要找村里的"365代办点",提交相应的资料,村会计就会替村民跑腿,不让群众多跑路。

日前,时值午休,在新渥街道药镇市场社区民情民访代办点,社区党支部书记卢芸香正在窗口整理当天群众来访事项。据了解,群众对受"黑格比"台风影响后的赔偿事项存在矛盾纠纷,卢芸香和同事总是细致耐心地帮助解决,用自己的热情服务换取群众的称心满意。2019年以来,药镇市场社区民情民访代办点共接到群众民情民访代办事项366件,其中350余件已经顺利解决,办结率达98%。

新渥镇村级"365代办点"的探索,为磐安县开展代理服务制度改革提供了参考。磐安县针对"赶路两小时,办事5分钟"的情况,考虑到老年人等特殊群体不便的实际,以党员、志愿者为依托,全覆盖设立"党员红色代办""民情民访代办站"等服务品牌,助力"最多跑一次"便民服务向基层延伸。

乡乡镇镇设立"365办事窗口",村村落落建立"365代办点",不仅在服务上下功夫,而且在经济发展上动脑筋,有力助推了磐安的脱贫攻坚进程。2015年,磐安成功摘除省欠发达县帽子。

深化在决战阶段

如果说,胡宅的"365办事窗口"是起源的话,那么各乡镇的"365办事窗口"就是拓展,而县城的"365服务中心"则是便民服务一个集成窗口。

在县365行政服务中心,曹巧丽正在"一窗受理"窗口办理不动产过户手续,窗口工作人员审理完递交的材料后,通过系统将申请材料推送至房管、税务等部门后台完成并联审批,仅用了一个半小时,就完成了原先需两三天才能完成的不动产过户手续办理。"2020年,我们要全民'奔小康',这是我第一次买房,窗口办事效率非常高,服务态度非常好,我觉得很有幸福感。"曹巧丽难掩喜悦之情。

2016年12月,"最多跑一次"在浙江省委经济工作会议上被正式提出,明确要求群众和企业到政府办事"最多跑一次"。2017年,"最多跑一次"成为浙江改革的一张"金名片"。

自开展"最多跑一次"改革工作以来,县委、县政府高度重视,按照上级要求,结合磐安实际,实干担当,创新改革。目前,磐安县已实现政务服务事项100%进驻县365服务中心,进驻部门由成立时的8个扩大到了42个,从最初的婚姻登记、户口迁移到现在的"水、电、气、网"等生活小事均可在窗口实现办理,年办件量从2003年的1.6万件增加到2019年的12万余件。

2020年,新冠肺炎疫情突如其来,为让群众实现"不见面"办事,365服务中心积极推行"网上办""掌上办""自助办""预约办""刷脸办"等办理模式,极大地方便了群众办理各类事项。

——截至6月底,网上所办事项从1158项提升到2297项，实现率99.8%；掌上办事项2272项，实现率98.7%；民生事项"一证通办"率从72%提升至100%。

——全县政务服务事项法定期限平均值减少到20.6日，事项承诺期限平均值由9.3日减少到2.3日，承诺期限压缩比由55%提升到93%。

——申报材料电子化率达100%。即办事项1791项，即办事项比例77.8%；"零次跑"事项2228项，实现率96.8%。

"服务至上""群众满意"是宗旨更是目标，县365服务中心积极打造便民服务升级版，推行"七彩服务"。根据服务类别，组建赤色党员代办服务、橙色上门服务、黄色助企服务、绿色导办服务、青色技术服务、蓝色宣传服务、紫色温情服务等七支服务小分队，围绕企业和群众需求，有针对性地开展各类便民服务。

"365办事窗口"已然成为磐安践行民生服务的一张"金名片"。按照总书记指引的方向，磐安不断深化改革，践行"小服务做出大民生"的理念，变"坐等办"为"预约办"，变"多次跑"为"一次跑"，切实让事项多走"网路"，干部多走"山路"，群众少走"马路"，以服务赢民心，以改革优环境，不断提升人民群众的获得感、幸福感，为高水平全面建成小康社会添砖加瓦。

文｜施委 施圭娅 卢樟海 陆航 杨陈丽

小公交做出大交通

——"四好农村路"让村民走向共同富裕

"四好农村路"是习近平总书记亲自指出，亲自推动的一项民生工程，民心工程，德政工程。党的十八大以来，习近平总书记高度重视"四好农村路"发展，先后作出多次重要指示为农村公路发展提供了根本遵循和行动指南。[1]

磐安被称为"万山之国"，境内沟壑纵横，群山连绵起伏，交通瓶颈犹如横亘在面前的一道"天堑"，成为经济社会发展的最大障碍。

习近平总书记指出，"新形势下，农村公路建设要因地制宜、以人为本，与优化村镇布局、农村经济发展和广大农民安全便捷出行相适应，要进一步把农村公路建好、管好、护好、运营好"。要"逐步消除制约农村发展的交通瓶颈，为广大农民脱贫致富奔小康提供更好的保障"。[1]

磐安干部群众时刻铭记总书记指示，凭着敢为人先的精神，干字当头，逢山开路，遇水架桥，建成了一条条畅、安、舒、美的农村希望路、小康路。县融媒体中心《牢记总书记嘱托 建设重要窗口》栏目组深入乡村，从"四好农村路"建设感受服务群众的首创力量。

苦在路上

"浙江之心"磐安，是台州、丽水、金华、绍兴交接地带，为天台山、括苍山、仙

---

[1] 交通运输部党组.大力推进"四好农村路"高质量发展[N].学习时报，2019-03-25.

霞岭、四明山等山脉的发脉处，有称谓的大小山峰5200多座，1000米以上的有63座，是典型的山区县。

大平头村海拔600多米，距镇政府所在地约10公里，是方前镇最偏远的山村之一。如今，村里每天有班车进出。可在20年前，这里的村民却被路所困。

大平头村有40户140人。20世纪80年代，随着改革开放春风吹拂山乡，村民们开始利用丰富的林木资源，做起车木加工。"我们差不多半个月就要把货品挑到镇上去售卖一次，道路不通让我们吃尽苦头。"大平头村党支部书记李晓庆指着一条山间小路回忆道，"这曾经是我们村唯一一条路，村民们赶集、出行都必须走这条路。"李晓庆指的这条路是一条狭窄陡峭、崎岖蜿蜒的山路，可想而知当年村民挑着货物行走有多艰难。"走几步就要休息一下，很吃力，遇上雨天更是湿滑，跌倒、磕碰是常有的事。"

几年下来，村民手里开始有了存款，想要盖新房改善居住条件，但运输物料又是一个大问题，没有路，砖块和水泥都运不进来。"出行不便，运输不畅，大家都很苦恼，更担心以后与其他村的差距会越来越大。"回忆起当时的苦楚，大平头村民们唏嘘感叹。

与大平头一样，当时"苦在路上"的村庄还有很多。仁川镇天山村也因道路不畅，山里的资源运不出去，土特产卖不出去，体现不出应有的价值；没有路，村民就医难、就业难，年轻人不愿待在村里，纷纷外出务工，留下了老弱病残，成为"空心村"；没有路，村民们致富无门，靠背树赚脚钱过日子，起早摸黑却生活拮据；没有路，儿童上学困难，需要步行6公里到平象村读书。

要致富，先修路。路，是出行的需要，是致富奔小康的先决条件。由此，全县上下开展了轰轰烈烈的"修路运动"，着力解决老百姓"出行难"。

干在路上

2000年，大平头村村民越来越意识到道路的重要性，修路的呼声日渐高涨，不过由于造价太高，一时难住了大伙。"勒紧裤腰带，砸锅卖铁也要把路修起来。"村民们立下铮铮誓言。

"修路要占用农户土地山林，但大家都很支持，不会斤斤计较。"李晓庆说，"因为没钱请施工队，我们就请了师傅到村里传授技艺，边学习边实践，自己动手开展施工。"通过全村不懈努力，花了两年时间，一条投资十多万元、长2.6公里的水泥路终于铺筑完成，将大

平头村与方前镇主干道连接了起来。

修路也成为当时天山村每个村民最迫切的愿望。1984年，天山村开始在悬崖峭壁上修路。由于条件限制，工人们就腰绑绳索悬空凿路，用4年时间硬生生凿出了一条通村泥土路。为了修通这条路，村干部立下了"路不做好，主动下台"的军令状。村民们也纷纷义务投工投劳，早上5点出工，晚上9点收工，每天劳动时长超过15个小时。有些人离家虽然很近，却带着干粮吃在工地上，还有些人借钱捐资做路，充分体现了凝聚力和奉献精神。

复县以来，磐安每个乡镇有项目，每个村落做路忙。横路头村发扬"愚公移山"精神"修路到尽头"感人肺腑，东川村不畏艰难多年不休打通东川隧道，尖山镇架起了当时华东第一高桥——夹溪大桥……

"磐安县从2016年开始推进'四好农村路'提档升级，提出了每个村都要铺筑水泥路和通公交班车的'村村通'目标。"县公路局负责人介绍，磐安作为全省首个客

运"村村通"试点县，县交通部门于2016年将涉及57个未通班车的建制村道路提升改造列为"头号工程"，提升改造农村公路44公里，增加错车道400余个、130公里，实施农村公路大中修工程60公里、安保工程88公里。2016年，磐安县投入资金6000多万元，新开通农村客运班线35条，实现了全县19个乡镇363个建制村客运班车全覆盖，惠及群众近3万人。

磐安县针对风景区和所在地域特点同村村通相结合，增加班次、投入车辆，开通灵江源旅游专线、孔氏家庙、南北旅游环线等十多条旅游大巴专线。走出了"以旅带运，运游融合"的交旅融合新模式。根据"全域旅游"发展需求，磐安县还大力推进美丽公路建设，成功打造浪漫花乡线、休闲茶乡线、养生药乡线、樱花长廊等4条共计106公里精品示范线，创建非精品示范走廊项目7条140公里，把景区、历史文化名村、美丽乡村精品村、旅游风情小镇、农家乐示范村串联起来，有效聚合旅游资源，助推旅游业高质量发展。

截至2019年，全县公路总里程达1236.118公里。农村公路达1107.778公里，其中县道333.673公里、乡道288.666公里、村道479.043公里、专用公路6.396公里。农村公路占全县公路总里程的89.6%以上。

乐在路上

绿水青山，蓝天白云，新楼林立，白墙黑瓦。每到夏天，地处青梅尖下，海拔700多米的天山村热闹非凡。"七、八两个月，村里的民宿每天都住得满满当当，共有400多名游客到这里避暑长住。"村党支部书记羊宝介绍，天山村2019年开始发展民宿，虽然起步较迟，但至今已有20多家民宿、共享农屋。

"天山村自然风光极好，高海拔气候适合避暑，早就想回来创办民宿了。""云心境"民宿业主应虹说，她心中早已萌发回村办民宿的想法，但以往苦于交通不便，一直未付诸实施。随着天山村交通条件的改善，来村里游玩的游客逐年增多。"不止村内道路，周边的村庄道路，县里的主干道，这些年来一直都在提升。2020年8月开始,村里还在改造村内道路,计划拓宽至6米。"应虹表示,日渐广阔的市场前景、日益便利的交通条件让夫妻俩对村庄发展前景充满信心,2020年投资200多万元回村创办了民宿,7月份开业以来生意很好。

每天都有大量游客在村内住宿、游玩,许多村民开始在家门口摆起了地摊,卖起了高山蔬菜、高山水果。"自己加工的笋干、霉干菜、西瓜,来看一看,买一点。"72岁的张春球老奶奶正在叫卖土特产,一个上午时间,她已收入100多元。

道路畅通为天山村带来发展机遇,村民致富门路更宽了。2019年,天山村开始打造百亩桃花基地和千亩红花油茶基地。为此,村里专门修建了一条4公里的生产路,届时也将成为油茶花开时的观光路。"以前不通车时,村民收入很少,路做通后,收入一年比一年高,2019年人均收入达到了15000多元。"羊宝说。

路通民意,路畅民富,路助村兴。2020年,"四好农村路"仍然被列为磐安县十大民生实事之一。磐安将牢记总书记嘱托,坚定不移地将"四好农村路"建设工作抓好抓实,不断提升人民群众的获得感、幸福感,助力打赢全面小康决胜战。

文 | 施委 卢樟海 陈家豪 郑晨光 陈珊

茶香飘万里

——从古茶场感受茶文化的精神力量

2006年，时任浙江省委书记习近平在《茶博览》杂志刊登的《世界茶乡看浙江》一文中指出，浙江茶叶连续20年的持续增长，不仅解决了百万户农民的增收问题，也为农村转变经济增长方式提供了新的思路，为社会主义新农村建设提供了基础和条件。

茶场山麓茶香沁，古茶场里光景新。

2006年6月13日下午，时任浙江省委书记习近平来到玉山古茶场调研。在这里，他深入视察了玉山古茶场，欣然入座品茗，为磐安茶叶点赞，对产业发展、文化保护、干部创业等作出重要指示，为磐安县全面小康建设锚定方向、提供了根本遵循。15年来，玉山镇干部群众牢记总书记的嘱托，砥砺前行，干出了"玉山样板"。

日前，《牢记总书记嘱托 建设重要窗口》栏目组一行走进玉山古茶场，感受茶文化的精神力量，感触一片片茶叶给磐安县全面小康建设带来的无限推力……

春风化雨茶富民

这里的茶叶很好,水也好,有点甜味。要把茶叶发展起来,要挖掘古茶场的精神内涵,要研究茶场对经济的作用,"婺州东白"的牌子要保护。

——2006年6月13日下午,时任浙江省委书记习近平到磐安调研时的讲话

马塘村的茶场老街古色古香,一辆黄色的小型吊车正在为各商铺更换新的仿古招牌。回想起之前产茶季节,家住老街的周英华说:"那段时间太忙了,忙得没时间吃饭,人是辛苦,但收入挺好。"

每年3月至5月,周英华夫妇一般凌晨3点起床,到尖山、新昌卖茶叶;7点回家,10点左右开始到各村收购茶青;下午加工炒制茶叶,常常要忙到晚上12点,乃至通宵……靠着6台全自动炒茶机,周英华夫妇一天能炒茶青250~300公斤、干茶50多公斤。正常年份,他一年可以创收20万元左右。

2019年5月的一天,一批上海游客参观玉山古茶场,被周英华现场炒茶的茶香所吸引,50来位客人争相购买茶叶。短短一小时内,现场销售40多公斤,利润近5000元,夫妻俩心里乐开了花。周英华说:"因为'习大大'来过古茶场,表扬过玉山茶叶,所以客人特别喜欢买。"

2006年以来,因为看好茶叶的前景,周英华父母开垦山地,新种植了4亩茶园,总面积由2亩增加至6亩。2008年,周英华购置了2台半自动炒茶机;2012年,升级置换成全自动炒茶机,共6组,每组3台机器,实施杀青、理条、成型全机械化作业。这一来,茶青加工量大增,劳动强度大大降

低，收入增加不少。

15年来，习近平总书记的古茶场之行犹如春风化雨，催动着玉山镇茶产业蓬勃发展。茶叶成为玉山镇的富民产业、农业支柱产业。全镇总人口1.6万，从事茶叶产业人口达1.1万，占比68.75%；茶园面积12150亩，户均种植面积1.74亩；年产值5827万元，户均茶叶收入9776元，占人均收入的65%以上。

"绿鹰茶 香全球"，在玉峰茶厂会客室墙壁上，赫然挂着一幅书法横幅。回首这几年来的发展之路，厂长孔中明自豪地说："现在欧洲五星级酒店供的茶叶，十有八九是我厂出口的有机茶。2006年以来，我厂的销售额持续增长。"

据孔中明介绍，当年，习近平总书记在古茶场喝的茶叶正是出自玉峰茶厂的有机云峰茶，这成为磐安茶叶最好的"卖点"。多年来，孔中明每年都会参加在杭州举行的国际茶博会，一走进浙江展览中心的大厅，大家一眼就能看到那张巨幅照片，就是习近平总书记视察玉山古茶场的照片。每次看到他心里都无比自豪，这该是磐安茶叶最好的"广告"了。孔中明说，这让他信心无比坚定，为企业发展注入了强劲的动力。

2006年，玉峰茶厂销售额为400万元；2011年，该厂建成价值180万元的全新生产线，成为磐安县唯一具有出口资质的茶叶生产龙头企业；2012年，销售额达1500万元；2018年以来，年销售额稳定在3000万元以上。2008年至2009年，孔中明出任铁店村党支部副书记（主持工作），组织村民在下渡坞、石空、甘度岭、前坞、金鹅背等地新开发良种茶基地1200多亩，建立了绿鹰茶叶合作社。目前，该茶厂拥有出口备案基地5800亩，形成了"合作社＋企业＋基地＋农户"的产业化发展格局。

夏雨雨人业奋进

这个点我看了以后开了眼界，很受启发。要研究挖掘许逊和这里的渊源，文物古迹中人变成神都是有功的，如永康的胡公、福建的妈祖。

——2006年6月13日，时任浙江省委书记习近平到磐安调研时的讲话

2020年以来，细心的群众能感受到新变化，老百姓办事更方便了。此前，镇里一个月或几个月办理一次农户宅基地审批，现已调整为15天办理一次。

玉山镇负责人说:"习近平总书记在视察玉山古茶场时,专门举了许逊、胡公等例子,指出文物古迹中人变成神都是有功的,以此勉励我们党员干部要牢牢树立民本思想,见贤思齐、奋发有为,为官一任、造福一方。"许逊与玉山古茶场有着深厚的渊源,"真君大帝"传授茶技、造福百姓的传说也是玉山茶文化的核心。总书记的谆谆教导发人深省,犹如夏雨雨人,让玉山干部迸发干事创业热情,竭力造福百姓。

8月11日,镇党委出台《重点工作"双月"集中攻坚行动方案》,组建工作专班,实行任务清单交办制度,倒排时间,责任到人、到村、到项目。集中力量破难攻坚,回应群众关切的民生需求。玉山镇要求,全镇上下要拿出创业干事热情,确保全面完成各项考核目标任务,为2020年村级组织顺利换届奠定基础。

在佳村村口,一排排红木码放得整整齐齐,油锯声此起彼落,木雕师傅一丝不苟地雕刻着……村支部书记胡德为一边不停地打电话,一边在村里几个工地上来回巡查。烈日下,舞龙文化展示中心工地上,工人们正在安装模板、捆扎钢筋,准备两天后浇筑混凝土。这个投资203万元的展示中心建成后,金华市各个县(市、区)的板凳龙将集中在此展示。胡德为说,村里小的项目多得他都记不清,光3个大的年度创业承诺项目投资就达360万元,要在"双月"攻坚中基本完成或重点突破。

胡德为1998年担任村主职干部。22年来，村里共实施6期旧村改造，佳村从脏、乱、差的落后村变身为"舞龙文化"旅游特色村。佳村党支部连续七年被评为"五星党支部"，胡德为被评为第二批"浙江省千名好支书"，成为磐安县"五事""三强"干部典型。

站在岭口畈5号地块的制高点，放眼眺望，四周层层叠叠的梯田如诗如画。网格式的生产路上，一辆小铲车正在施工。为了加快推进玉龙溪谷田园综合体项目建设，项目部组织1200多名员工开展"百日攻坚大会战"，向黑夜要白天、向效率要时间。目前，土地整理工程已基本完工，累计开挖420.23万立方米、回填451.41万立方米，新建道路5.3万米、沟渠8.47万米、管道3240.2米，工程已通过县、市预验收。总经理卢峰介绍说，未来，该项目将与金华市农科院等院校紧密合作，推行"1+6+X"模式，打造全国知名的农业科技"硅谷园"。

作为磐安县文旅产业发展的龙头项目，玉龙溪谷田园综合体项目受到省自然资源和规划厅的高度肯定，堪称省内最规范的生态修复最到位的土地整理项目；全省规模最大的坡地村镇试点项目——玉岑山居是金华市最高端的森林康养项目，目前已完成投资5.6亿元。

秋高人欢文化兴

要弘扬春社、秋社、迎亭阁花灯、竖龙虎大旗等民俗文化。要保护开发好玉山古茶场，主要是保护好，在保护中也有一定的利用，在开发中继续弘扬。

——2006年6月13日下午，时任浙江省委书记习近平到磐安调研时的讲话

雨后初霁，五丈岩水库边的向头村云蒸霞蔚。"望湖楼"农家乐门前，几株四季茶花正开得红艳。说起越来越好的生意，业主周从瑶说："古茶场保护开发让玉

山茶文化声名远扬,客人都喜欢来这里游玩。"

"茶场山下春昼晴,茶场庙外春草生。游人杂还香成市,不住蓬蓬社鼓声。" 这是《玉山竹枝词》对古代春社"赶茶场"活动的真实描述。春社已是热闹非凡,相比而言,玉山古茶场的秋社规模更大。

2006年6月,习近平总书记来磐视察后,"赶茶场"活动热度年年攀升。2008年,"赶茶场"被列入第二批国家级非物质文化遗产名录。每年农历十月十六,茶文化广场旌旗招展,人山人海,祭拜茶神、竖龙虎大旗等精彩的民俗文化活动闪亮登场……秋社已成为玉山乃至周边地区影响最大的民间节日。秋高气爽的秋社,每年都吸引数万名群众前来"赶茶场"。

"赶茶场"的非遗传承工作得到各级相关部门的大力肯定，被称赞为"活化"工作做得最好的非遗项目之一。与古茶场密不可分的系列民俗文化也深深地融入当地乡村旅游产业。

2020年7月，国家文旅部下发《关于推进旅游企业扩大复工复业有关事项的通知》，毗邻玉山古茶场的中华舞龙故乡景区游客量开始迅速回升。该景区是一个以龙文化为主题的文化型景区，除了网红特质旅游项目之外，还有一个重要的卖点——舞龙·非遗文化广场。

循着碧波粼粼的灵溪河，走进文化广场，只见门楼顶上一个威武的龙头巍峨高耸，以阴阳八卦形制布局的广场豁然开朗。大龙头为首，左右各二十八间围廊标注五十六个民族的龙身，寓意"神龙见首不见尾"，巨龙象征中华民族雄起东方。广场四周展示的四个非物质文化遗产项目，均以巨大的造型而夺人眼球，它们分别是玉山的龙虎大旗、窈川乡依上下村的大祭马、九和的大凉伞、东阳郭宅的大蜡烛。

景区副总经理张洪贤介绍说，2020年7月的一个周末，磐安县某机关单位工会组织50多人到景区开展干部职工疗养活动。按照"本地胡椒不辣"的惯性思维，开始大家以为景区没多大玩头。进入文化广场后，大伙马上被四个非遗文化等项目所吸引。为了提升职工的团队协作精神，单位组织大家开展竖龙虎大旗等体验项目活动，玩得不亦乐乎。眼看到点了，领队负责人几经催促，有些干部职工还不肯起身，表示下次还要带家人再来游玩。

2006年，在习近平总书记的关怀下，省财政为磐安县落实玉山古茶场修缮资金500多万元。2007年，迎大旗、岭口亭阁花灯等重要民俗文化项目被列入省非物质文化遗产保护名录。2008年，玉山古茶场完成抢救性修缮。2012年，磐安县投资1300万元，建成磐安茶文化博物馆。磐安县还在此举办了磐安云峰茶文化节暨中华斗茶大赛等多项文化活动。

茶香飘万里，文化有力量。

文｜杨适时　叶江垚　杨陈丽　陈家豪　马笑

儒风万世长
——榉溪孔氏家庙让儒家文化扎根乡野

仁义礼智信、温良恭俭让……以至圣先师孔子为创始人的儒家文化对社会有着重要影响，发挥着不可磨灭的作用。

习近平总书记指出："孔子创立的儒家学说以及在此基础上发展起来的儒家思想，对中华文明产生了深刻影响，是中国传统文化的重要组成部分。儒家思想是中华民族生生不息，发展壮大的重要滋养。"[1]

---

[1]赵振羽.儒家仁学思想的现代启示[N].人民日报，2017-02-10(7).

走进榉溪,村子里古道连着古道,古树挨着古树,老木屋、三合院、四合院错落有致。孔氏家庙静立于村中,"节用爱人""孔挺办学"等论语家训牌遍布街头巷尾。走进一间老屋,推开木窗、打开木门,伴随着的"吱呀"声里全是故事。每一颗石头、每一片泥瓦、每一块木门板都带着浓厚的历史文化气息。

盘峰乡榉溪村是"孔子第三圣地",有着近900年的历史,江南最大的孔氏后裔聚居地,也是孔氏婺州南宗的文化活动中心,先后获得中国历史文化名村、中国传统村落、全国特色景观旅游名村等荣誉称号。

孔氏家庙历经沉浮,儒文化如何在此生根、成风?孔氏后人如何在传承中弘扬?文旅融合中,儒文化发挥着什么样的作用?县融媒体中心《牢记总书记嘱托 建设重要窗口》栏目组来到榉溪,走古村、品历史、访人文,感受儒家文化的精神力量。

一场迁徙,让孔氏后裔聚居榉溪

榉溪村,原名桂川,后以溪为名,坐落在大盘山南麓一个狭小的山间盆地中。村子四周群山环抱,林木繁茂,独特的地理环境和悠久的人文历史,使榉溪成为集古屋古庙、古井古巷、古墓古树于一体的自然村落,是江南地区传统乡村的活化石。

榉溪村孔氏家庙前言记载:南宋建炎三年(1129)金兵南下,孔子四十八世裔孙袭封衍圣公孔端友率部分族人随宋高宗南渡,官居大理寺评事的孔端躬也扈跸随行。后孔端友定居衢州,孔端躬随高宗南行至明州。高宗一度泛舟海上,孔端躬与众大臣沿海边南行,至台州章安镇,知无法追随,无奈与老父孔若均转道赴衢州,欲与孔端友会合。途经榉溪时,孔若钧病倒,故作停留,不意在榉溪病逝。孔端躬为尽孝道,遂定居榉溪。

另据传,孔端躬临行前曾专门到山东曲阜孔林,向列祖列宗拜辞,并掘得一棵桧木苗随身携带。时北国沦陷,有家难返,前途未卜。孔端躬发愿:"何地植土生根者,即吾孔氏新址也。"来到江南,每到一处,只要稍作停留,孔端躬便将桧木苗植于土,凭其是否生根发芽作为去留的依据。其父孔若钧逝去后,孔端躬发现桧木苗已在榉溪生根发芽,认为此乃天意,遂决定在此定居。

至此，孔氏后裔同桧木一道，在此繁衍生息，开枝散叶。桧木历经八百多年风雨沧桑仍枝繁叶茂，生机蓬勃。而榉溪的孔氏后人从开始的二三十人发展成如今全村396户1300多人，榉溪村成了江南最大的孔氏后裔聚居村落，从榉溪村迁移到周边10多个县、60多个村的孔氏后裔达2万多人。

一座家庙，让儒学文化扎根乡野

"各位游客上午好，这里就是孔氏家庙，始建于南宋……"每当有游客来到榉溪，孔氏家庙里，讲解员孔国军就会给游客们介绍家庙和榉溪村的历史。

榉溪孔氏家庙，既是家庙又是宗祠，供奉着孔子和榉溪孔氏始祖孔若钧、孔端躬。家庙始建于南宋宝祐二年（1254），与衢州南宗孔氏家庙同为朝廷敕建。元明清以来，家庙几度兴衰，现存主体为清代中晚期建筑，是榉溪孔氏子孙800多年血脉延续、文化传承的物化记载，具有极高的历史文化价值。

2006年5月，国务院公布榉溪孔氏家庙为第六批全国重点文物保护单位，一举改写了"北孔曲阜，南孔衢州"的定论，婺州南孔进入世人视野。榉溪孔氏家庙重获新生，这里的儒家文化传承、保护迎来了全新局面。

九记锣响，论语声起，祭孔大典就这样拉开帷幕。榉溪孔氏后裔自南宋初定居以来，耕读传家、敬祖睦族、慎终追远，在历史长河中形成了独具地方特色的祭孔仪式。因在南宋时榉溪属婺州管辖，因此其祭孔仪式称为婺州南宗祭孔典礼。典礼将传承久远的九记锣、六佾舞、三跪九叩、太牢少牢等古老祭祀仪式与莲花落、十八蝴蝶、三十六行等本地民俗相结合，成为独具特色的非物质文化遗产。祭孔大典在婺州南孔儒家文化传承、保护中发挥着不可或缺的作用。

浙江省非物质文化祭孔大典传承人、孔子七十四世孙孔火春介绍，1997年刚恢复祭孔的时候，因好多人怕"出丑"，参与祭祀的人要一个一个做工作，一次一次邀请，颇费工夫。慢慢经过几年努力和积累，越来越多的人开始自发要求参加，参与人数从20多人发展到了130多人。祭孔文化在越来越多的老百姓心中获得了认可，同时也吸引了越来越多的外来游客探访榉溪、学习儒文化。

2017年7月，浙商总会秘书长郑宇民在考察榉溪村时建议，要把孔子家族文化在现代人生活中的基因放大，让孔子家学在现代生活中复原，让"国保"变成"国宝"。

"祭孔文化也好，儒家文化也好，我们有义务和责任一代一代传承下去。"孔火春说，"儒家文化不仅对我们孔氏后人很重要，对全国甚至全世界都很重要，孔氏后裔更要带头学、带头做、带头传承。"

在榉溪村，如果说起传承保护儒家文化的热心人，那一定还有孔国军。孔国军30岁，是孔子七十五世孙，同时也是榉溪孔氏家庙讲解员。2010年，孔国军辞去工作回到榉溪，做起家庙讲解员工作，他自己也不曾想到，一做就是十年。

在担任家庙讲解员前，孔国军和当时大多数的榉溪年轻人一样，对村子的历史、孔氏后裔、儒家文化都没有太深刻的认知和感受。十年间，他通过刻苦研读、向村里老人学习，对榉溪历史、家庙历史、孔家历史的了解越来越深。他的讲解稿开始时只有短短的三四段，经过20多次的丰富、修改，全部版本甚至已经可以订成一本书。而孔

国军如今也已经没有了固定版本,每次讲解他会加入新的理解和内容,历史典故信手拈来。

"深入学习、了解儒家文化以后,就会发现,它其实一直就在我们榉溪人的生活中,为人处世、待人接物、尊老爱幼……一点一滴地在孔氏后裔代代传承。"孔国军说,"作为当代青年,能为孔氏家族、为儒家文化传承贡献一份力是荣幸更是责任。"如今,越来越多的榉溪青年加入到了儒家文化的传承、保护之中,他们就像燎原的星星之火,散落各地,宣传着家乡、传播着儒家文化。

"父母呼,应勿缓;父母命,行勿懒;父母教,须敬听……" 2015年8月7日上午,第一期《弟子规》培训班在榉溪孔氏家庙开班,80多名儒学小弟子向孔子像行鞠躬礼,其中最小的4岁,最大的16岁。从此每年8月中下旬,《弟子规》培训班都如期开班,以《弟子规》为学习教材,结合孔氏家庙和农村文化礼堂的文化内容,以道德、孝亲、礼仪为重点内容进行授课。最开始参加的多为村内的留守儿童,近两年越来越多在外的父母也将孩子送回榉溪学习。孔国军介绍,家长们不约而同地发出感慨:"通过《弟子规》培训,孩子们在尊敬长辈、孝顺父母、心怀感恩等方面有了更深的认识。"文化的作用其实就是潜移默化地影响着人，所以每年都有不少孩子回村接受文化洗礼。

一种生活，让文化旅游融合发展

近年来，为加快推进"儒学传家、儒学育民、儒学治村、儒学兴乡"，盘峰乡立足儒学文化，着力打造具有深厚儒学思想传承又能融入现代生活的"南孔阙里 儒学小镇"，搭建服务平台、引进文化人才，举办各类文化活动，小巷三寻、蓝莲舫等众多文旅融合业态入驻榉溪。

扎染、活字印刷、儒学文化体验……外形古朴、内里别有洞天的蓝莲舫研学基地就在榉溪村的老房子中安了家。2019年11月底，在蓝莲舫研学基地基础上进行改建、提升的儒学馆正式启用。酥油灯、《论语》书本、特色灯光、论语填字墙，馆内处处散发着儒学文化气息。

文人雅集、亲子研学等多场活动在这里举行。文化名家们走进榉溪，在儒学馆内引经据典、高谈阔论；参加研学活动的学子们在这里接受儒文化洗礼，充分感受传统文化的魅力。儒学馆成了榉溪游的热门打卡之地。

蓝莲舫在2019年至2020年间共举办活动200余场次，为榉溪村带来研学、文化交流1万多人次。同时，蓝莲舫专注于发挥老房子特有的历史文化价值，截至目前已修缮老屋70余间。儒学馆负责人、蓝莲舫创始人韦育珍说："榉溪村是一个活态的博物馆，儒文化底蕴深厚，能遇见就是一种美好。要让更多的人走进来、住下来，感受文化、感知历史，将儒学文化传承下去、发扬光大。"

从村内大街穿过小弄堂，杏坛书院就出现在了眼前。一进门就能看到一副对联："鼠咬天开卑有序 子运乾元承在彼"，横批为"开卷有益"。杏坛书院自2017年7月重新开放后，每月一期举办国学讲坛、杏坛读书会等活动，同时将讲坛搬进校园，到大盘、方前、县城等中小学举办活动，让儒家文化走进校园。

盘峰乡负责人介绍，下一步盘峰将充分利用金华婺州南孔研究会挖掘榉溪故事、弘扬儒学思想，让更多孔氏后裔来榉溪寻根问祖。在市级研学基地品牌的基础上争创省级研学基地，让更多的中小学生接受儒家思想熏陶。同时，植入更多业态，开发儒学文创产品，推进儒学生活化、常态化，让儒文化走进千家万户。抓住打造"婺州南孔"金名片的重大机遇，将榉溪建设成为国内南孔文化重要窗口和国际儒文化交流窗口。

文 | 杨适时 叶江垚 王卓 陈珊 陈超超

药乡千年路
——从大盘山博物馆感受中医药文化

习近平总书记对中医药工作作出重要指示：
中医药学包含着中华民族几千年的健康养生理念及其实践经验，是中华文明的瑰宝，凝聚着中国人民和中华民族的博大智慧。[1]

巍巍大盘山，孕育了数不清的药用植物，它们集天地日月之精华，支撑起大盘山"天然的中药材资源库""江南药谷"地位，见证了自然、生态的和谐共生与可持续发展。

从"天下医者皆往之"到如今家家户户种药材、镇镇乡乡闻药香，磐安中药文化传承千年，早已融入人民群众的血液，渗透在生产生活的方方面面。中药文化有哪些丰富内涵？独特的魅力在哪里？传承千年的根脉在何处？县融媒体中心《牢记总书记嘱托建设重要窗口》栏目组走进大盘山博物馆追根溯源、找寻答案，感受中医药文化的精神力量。

山水有清音

大盘山博物馆前，一个"磐"字将大盘山风光揽入眼中，遥望如年轮，磐安从岁月深处走来，如其名，安如磐石。细瞧，勃勃生机跃于其上，是山，是树，是漫山遍野、生机勃勃的药用植物。

博物馆地质地貌厅里，大盘山巍峨雄姿近在咫尺，头顶是高耸入云的岩石，身旁是多种类型的动植物，几步之内必有芳草，复原了大盘山间的一草一木一石，再现了天然

---

[1]王君平.为中医药创新性发展提供法治保障[N].人民日报，2020-07-02（05）.

种质资源基因库原貌。一批又一批的游客在这里停住了脚步,惊叹于大自然的鬼斧神工,感慨于这一方净土滋养了无数的珍贵物种。

数千年前,有一群人从山外走进山里,归隐于禅意深隽的青山绿水中。一年年时光流转,他们留给我们的不仅是丰富的中药材资源宝库,更是代代相传的药文化精神。

在公元527—530年,昭明太子为避谗,不远千里奔波至此,一时间,被大盘山瑰丽的山野风情恍了神,停下了前行的脚步,隐居大盘山麓。隐居期间,昭明太子在大盘山种药制药,为山农治病,同时炼丹制药,开辟药园,开启了大盘山区百姓认识中药材、引种驯化、规模化种植中药材的先河,并由大盘山辐射到整个磐安县域,被磐安人尊奉为"药祖"。

300多年后,又一位被磐安百姓奉为神明的人,向大盘山逶迤而来。

原籍山东的羊愔,为避兵乱,来到大盘山,定居于双峰大皿,成为双峰羊姓始祖。看破红尘的他在定居期间,或采药于深壑之中,或访僧于古树重檐下,如闲云野鹤般潇

洒随意，发现和使用野生香菇后，游山玩水甚至无须带饭。"步轻如飞，饮酒三斗不醉"，羊愔发现野生香菇，教乡民采摘为食，并人工种植，于是世人以菇祖、菇仙尊之。

光阴荏苒，时序递嬗，更多的医者循着前人的足迹，风尘仆仆从山外走进大山深处。丹溪学派的重要人物卢和，周游四方，访贤求艺，从书本到山野，从理论到实践，上大盘山采药，为他之后编纂《食物本草》提供了强大的实践基础，这本书也成为中医经典古籍，与李时珍的《本草纲目》一起，被誉为中华中医药学文化宝库的璀璨明珠。

吸引一代又一代医家不辞辛苦跋山涉水而来的，是他们心中的"圣山"——大盘山，而正是这些精通岐黄之术、悬壶济世的外乡人，让原本在荒坡野岭中自生自灭的草药，从野生到驯化，从无人问津到治病救人，一天天，一年年，越来越多的药用植物被发现，被挖掘。

风定药香盈

展厅里熙熙攘攘，走近细看，一群游客围在一起，正在听讲解员陈樱樱介绍："药材采收后，除少数要求鲜用，绝大多数均需进行产地加工，主要是为了去除杂质和非药用部分，同时，进行整形、分级、切片等，形成一定的商品性状。"

四个雕像演示了传统技艺加工磐五味的场景，讲述着磐五味炮制法的前世。古法生产加工技艺，工序严苛且烦琐，需经育种、整田、种植、管理、收获、清洁、去壳、蒸煮、发汗、干燥、烘焙、晾晒等一整套严格的生产工序，是流传至今最地道的加工方式，保留了中药材最纯粹的药效。

十几公里外的新渥街道庄基社区，种了50多年中药材的陈凤阳正和妻子一起加工芍药。他们将芍药装进编织袋里，然后倒入沙石，通过不断揉搓去除芍药外皮。"这都是家种药材，品质信得过。"忙碌间隙，陈凤阳笑呵呵

地说，虽然现在有机器去皮了，但是老手艺不能丢。

在他看来，种出优质药材是一名药农的本分，而弘扬传统技艺更是一份责任。"做药先做人，中药材是要吃进肚子里的，治病救人的事马虎不得。"交谈中，陈凤阳反复说着这句牢记在心上几十年的话，从祖父传给父亲，再从父亲传给自己，如今早已成为行为准则。

杨定升从药农到药商，变的是身份，不变的是磐安中医药传承的初心。"我们做生意，绝不能自己砸自己招牌！"杨定升说道，与纯粹做流通不同，杨定升已经有了自己的生产基地。近年来，他建成了白术、杭白芍、玉竹等中药材生产基地1000多亩，道地药材的来源和品质有了更好保障。"好药材也要有好平台，现在是中医药产业发展最好的时代。"

曾经，磐安药农用最传统的方式生产药材，借此维持基本生活。如今，磐安道地药材已经融合到一、二、三产业，有了新的更广阔的发展平台，从山里走向山外，走向全国，走向世界。

药承流韵传

一件件世代流传的中医药器物、一幅幅惟妙惟肖的药用植物生长图、一个个栩栩如生的动植物标本……生动形象地解读了中医药文化，让人耳目一新。参观中途，一群小学生鱼贯而入，在每个展厅参观，不停地问着讲解员陈樱樱："这是什么？""这是哪里来的？""为什么会有这些东西呢?"陈樱樱仔细耐心地回答了一个个问题。

近年来,研学活动在中小学如火如荼开展起来,而进博物馆参观学习也随之成为研学方式的一种。大盘山博物馆被评定为首批中小学生研学实践教育基地。"传承中医药文化要从小抓起。"大盘山博物馆馆长张日静笑着说。中药文化的传承从大盘山博物馆起步,也随之走进了各个校园里,走进课堂,更走进了每个孩子的心间。

"传承中医药文化是一种责任。"新城中学负责人杨美玲说,"新城中学位于江南药镇,更有责任让每一名学生拥有中医药情怀,具有最基本的中医药文化素养。"从营造氛围入手,新城中学的环境布设"药"味浓郁。学校的楼栋都用中药命名:景天楼、凌霄楼、文冠楼、决明楼……

在田间地头耕耘的药农走上了讲台,为学生们普及中药材知识。同时,新城中学将中医药知识教学由课堂向课外延伸,在校园一角开辟了中药劳动实践基地,把中医药知识学习和劳动教育融为一体。"第一次真切感受到了药农劳作的辛苦。"种植了一天的贝母,八年级学生黄雨优脸上已经表现出疲态,但乐在其中:"作为药乡的孩子,我们不仅要珍惜中药材,还要发扬药农的坚韧、诚信精神。"

弘扬药文化不仅要传承,更要创新,与时俱进,走向新生。博物馆一角,一大桌药膳模型吸引游客驻足,一道道用精美白色瓷盅盛放的药膳,似乎能闻到山间清风送来的药花馥郁的芬芳,听到清澈溪水低声诉说关于磐安中医药的故事,中药材与食物的结合,成就了美味又健康的营养药膳。

而今,中医药文化已融入磐安产业的方方面面:中药材与体育融合,有了每年的中药寻宝越野赛,吸引着全国各地爱好者奔赴大盘山;中药与文化艺术共生,激发出民俗风情的无穷魅力……中医药在释放无限可能,未来发展引人遐想、令人向往。

文 | 杨适时 叶江垚 应伊佩 方雅丽 朱俊敏 曹雪萍

古村古风远
——新农村建设让历史村落展新颜

夕阳西下,炊烟袅袅,百年古村落笼罩在轻柔的烟雾之中,朦朦胧胧,若隐若现。村口,时不时传来几声黄牛唤犊的叫声,更显得古村的安谧与闲适。泥土的幽香、野草的芳香,还有农家的茶饭香飘荡在空气中,沁人心脾。这就是尖山镇横路村。

横路村位于磐安县东北台地,全村有农户516户1323人,茶叶、劳务输出、农家乐等为主要经济收入来源。可谁曾想到,早些年的横路村,白天只见乌石不见人,晚上乌黑一片不见灯,是一个"脏乱差"的小乡村,道路旁是成堆的垃圾,散发出阵阵恶臭,路边有不少猪舍、粪坑及乱搭乱建的临时家庭作坊,道路年久失修,坑坑洼洼。人们总爱开玩笑说:"车子跳,横路到。"

时移景易。如今,横路村对接"一号产业",围绕"孝善横路、清廉横路、活力横路、幸福横路"目标定位,盘活山水资源和闲置农房,开发水下孔景区,相继引入一批新业态,让老街区焕发新活力,乡村休闲旅游风生水起。

澄溪古道、乌石古街、水下孔景区以及新兴的农家乐……横路村迎来了美丽"蝶变"。县融媒体中心《牢记总书记嘱托 建设重要窗口》栏目组专程前往探访,从这个历史村落变迁中感受农耕文化带来的精神力量。

古村有古风

习近平总书记指出,新农村建设一定要走符合农村实际的路子,遵循乡村自身发展规律,充分体现农村特点,注意乡土味道,保留乡村风貌,留得住青山绿水,记得住乡愁。[1]

---

[1]北京市习近平新时代中国特色社会主义思想研究中心.激活道德力量助推乡村振兴[N].光明日报,2019-01-23(5).

横路村始建于元代，由北宋理学鼻祖周敦颐第九代孙周若泗于元末至正年间始迁，距今有600多年历史。该村是磐安县现存规模较大、保存较为完好的古村落，比较全面地反映了本地区明清时期乡村的传统风貌、地方特色和民俗风情，具有较高的历史、文化和科研价值。横路村作为中国传统村落、省级历史文化名村、省旅游特色村，自然条件优越，文化底蕴深厚，有"百年横路"之称。

横路村，原名叫"澄溪周村"，因村里的人大部分姓周，且村中有一条千百年历史的澄溪古道而得名。澄溪古道是横路村人最引以为豪的古迹遗存之一。它横贯村庄南北，宽两三米，长约400米，清一色由乌石铺就，与两侧的乌石古民居浑然一色，绵延而又深邃，视觉上的吸引让你收不住前行的脚步。

"乌石古街就是我们村的灵魂，是我们的根。"67岁的村民周其林每天用脚步丈量着乌石古街，阳光把他的影子拉得悠长悠长，他的眼神里写满深情与留恋，缓缓道出这条古街的历史由来。

澄溪古道是古代官道，在当时是安文、盘山和玉山通往宁波、绍兴的要道，商旅行人络绎不绝。1978年公路开通之前，尖山镇的茶叶、药材均由此道肩挑而出，生活必需品如油盐之类皆从此道背扛而入，它为东北台地区域经济发展和群众生活改善作出了巨大贡献。千百年来，乌石古街俨如一位久经沧桑的老者，而那被岁月和行人磨得锃亮的乌石，忠实地记

载了昔日行人如织的场景。乌石古街的神秘总让人捉摸不透,但它又好像忍不住想给这片星空诉说横路村古老的往事……置身其中,放眼远望,在穿越时空的想象与对视中,仿佛身在幻境,突然间让你怔住,不知今昔。

"小时候,每天下午我都会约上几个小伙伴到古街玩耍。当时,村里的大人在古街上摆放了三大缸凉水,供过往的商旅行人免费饮用。令我印象最深刻的便是那些成群结队用扁担挑着货物的商人,他们的担子里装满了贩卖的小鱼干,那个香喷喷的味道令我至今难忘。"周其林笑着说。

除了深厚的历史文化底蕴,横路村也被称为"清廉村居"。作为周敦颐后人居处,横路村处处呈现出爱莲文化。《周氏家训》中就有"规行矩步,奉莲指教"之句;周氏宗祠又名"敦睦堂";古时村中私塾被称为"爱莲堂",悬挂着周敦颐的画像,张贴着《周氏家训》,镌刻着《爱莲说》。如今,村中公共场所也被命名为清风堂、爱莲公园等,而且每户人家的家训牌里都刻有莲花。

2018 年,横路村先后投入 300 多万元在村口建了"爱莲长廊"。步入长廊,随处可见"莲"元素:涓涓细流的泉水洒落到睡莲池中，晶莹的水珠在碧玉盘似的荷叶上流转；文化主题墙上乌石雕刻的《爱莲说》，时刻向横路村周氏后人诉说着先祖周敦颐独爱"莲"的情怀；长廊内，梁上高悬的梅、兰、竹、菊图案匾额和柱上的名言警句展现廉洁之美；跨过长廊，可以驻足观看脚下一块块雕刻着莲花画案的石路板；爱莲亭内一幅幅清"莲"手工绘画，让人们欣赏画风美感的同时品味爱"莲"文化精神。

古村展新颜

住古朴民居、品农家饭菜、享受乡村慢节奏生活……入秋后天气日渐寒冷，横路村的农家乐生意却依然十分红火，随着乡村旅游业的发展，这里的游客量直线上升。昔日闲置的农家小院，被打造成特色民宿后，"蝶变"为城里人休闲旅游的首选栖息地。

清晨，横路村云雾缭绕，宛若仙境。澄溪望谷民宿老板周梅芳无暇欣赏风景，一早就忙开了，"每每周末，预定住宿、吃饭的客人络绎不绝，客人大多是从城区来的亲子家庭，大家都是奔着享受乡村悠闲宁静的慢生活而来，在山上采摘野菜，在小院里赏花品茶，体验最真实的田园生活。"

2020年"五一"开业的澄溪望谷民宿坐落在横路村村口，地理位置优越。该民宿总投资1300万元，共有24个房间，配套有休息接

待室、茶吧、KTV、影院、餐厅、会议室、棋牌室等。澄溪望谷以"环山抱水、归园田居"为主题，田园现代风格为游客带来集自然与人文、时尚与情怀、乡村与休闲、景区与商务为一体的高端精品民宿体验。在周梅芳看来，横路村的乡村旅游催生了民宿的火爆，将民宿产业和乡村振兴结合起来，就是为农民致富奔小康找到新路子，为建设美丽乡村提供新机遇。

东阳游客陈女士一家是这家民宿的常客，"小时候在农村，村里都是这种低矮围墙的小院，我就是在这样的环境里长大的。如今来到这里，就是想找回那种宁静轻松的生活状态。"

2020年，尖山镇推出"6+1"旅游发展模式，将乌石村的6个自然村和横路村实行抱团发展，着力打造"产业规模最大、旅游人次最多、经营收入最高、规范治理最好、管理体系最优"及"生态最优美、生产最便捷、生活最丰富、买卖最红火、旅游最安全"的全省农家乐第一村，在全省率先打造乡村振兴共同体。

古村谋未来

前段时间，一部热剧《三十而已》让横路村一夜成名，不仅村中民宿一房难求，餐饮爆满，还使得水下孔景区火了一把。据悉，景区每天吸引4000多名游客慕名前来，"十一"长假期间，景区门票收入达100多万元。

水下孔景区位于横路村境内，以"七瀑一湖"的自然景观为主体构架，融山水、峡谷、飞瀑、洞泉、花草、冰臼等为一体的独特景观，孕育了自然界"峰险、壁绝、谷出、瀑奇"的理学文化精髓。景区内建有5D玻璃桥与华东最高景区观光电梯，是绝佳的影视拍摄基地。

2008年以来，景区吸引众多剧组前来拍摄取景。"这是一次偶然的机会，2008年，经朋友介绍，我把

《刁蛮俏御医》剧组引到景区拍摄，没想到效果还不错，借着荧幕传播，景区的山水风光吸引了不少剧组的眼球。"水下孔景区负责人周铁明说。此后，《新还珠格格》《笑傲江湖》《萍踪侠影》等50多个剧组前来拍摄取景。

景区生意好起来了，作为横路村村民的周铁明仍不满足，他想方设法把剧组往横路村里引。作为中国传统村落、浙江省历史文化名村的横路村，特色鲜明，村里的乌石古街、乌石房子，历史气息浓郁。这样一个保护完好的古村落，再经周铁明推介，导演们心动了。于是，《三十而已》《红星1934》等剧组陆续进村拍摄，影视剧的热播更让古村焕发出新的活力。

周铁明表示，接下来将利用横路村优美的古村风景、浓厚的文化底蕴，吸引更多的剧组和外来资源，将横路村打造成为最佳影视基地，进一步提升村庄知名度，带动当地百姓增收致富。

漫步横路村，这里有红色记忆，有历史名人，有千年古街老宅；这里有自然风光，有田园风情，有淳朴农家风味。在这里，我们感受到的是古村穿越时空、传承千年的精神力量。

文｜张黎明　张傲　张海峰　卢韵璇

小县城有大梦想

2020年10月16日上午，海螺山下，文溪水畔，战旗猎猎、鼓声点点，一场声势浩大、气势磅礴的"品质山城"建设大会战推进会在磐安二中操场隆重举行。

三年前，也是在这里，"老城区改造征迁"誓师大会上，磐安立下"磐石意志改旧貌，众志成城换新颜"的铮铮誓言。三年后，巍峨的海螺山，奔腾的文溪水，同样见证了磐安人民如期兑现誓言的庄严时刻。

曾经，复县之初的磐安，是浙江省头号贫困县。"弯弯曲曲一条街，一支香烟走出头""一条街，两排房，背后都是破烂房"，给当时的磐安县城烙上了"落后""荒凉"的印记。

曾经，磐安凭借得天独厚的生态环境，以"浙中后花园"自居。但那时来磐安的外地人都说，这里不像县城，倒像是"大农村"。

曾经，磐安受地理条件的限制，老城区规划不科学，配套设施不完善，道路狭窄不通畅。"近山不近景，临水不亲水，聚居不宜居，通达不通畅，是城不似城"的小县城，折射出磐安人民对于城市建设落后现状的无奈。

旧城改造，难！难在涉及面广，难在故土难离，难在众口难调。但旧城改造攸关群众生活品质，再难也要啃"硬骨头"，再难也要想办法解决。

"坚决打赢这场前所未有的征迁战！""以非常之力建非常之功，打造宜业宜居宜游品质山城"。2017年3月26日的旧城改造誓师大会，回应了多年来市民的热切期盼，向全县人民发出"打造品质山城"的磐安决心。

没有比人更高的山，没有比脚更长的路。如今，目之所及，是一座座繁忙有序的塔吊，是一个个昼夜不停的项目，是一个个精彩蝶变的区块，是一幢幢鳞次栉比的新楼。

回首三年的艰辛与曲折，磐安人民感慨万千，热泪盈眶。

三年来，磐安人民不会忘记，这场磐安复县以来规模最大的征迁改造战，是磐安铁军付出的心血与汗水，创造了一个又一个奇迹。9大区块，涉及住户2606户，拆除建筑面积48万平方米，约占老城区面积的1/3。一夜之间，2万份支持征迁改造工作承诺书递交组织；两天时间，4000多名党员干部主动请缨出战；一周时间，七大指挥部人员迅速集结到位；30天时间，城上区块首战告捷；20天集中攻坚，东溪街南、县府东侧等区块国有土地和市口、五指区块集体土地957户全部完成签约；两年时间，48万平方米的旧房全面拆除……

三年来，磐安人民不应忘记，这场"具有里程碑意义的大事"，是广大群众舍小家为大家的鼎力支持，是全体拆迁户顾大局、识大体的主人翁姿态。离休老党员何水拄着拐杖，在家人和朋友的搀扶下来到指挥部，签下了第一份拆迁协议；拆迁户陈兰荪听说自己家被划入拆迁红线范围，主动找到政府，表达了支持拆迁的愿望；市口区块的陈华方辗转火车、大巴，经历了近20个小时的车程，千里迢迢从广东赶回磐安签约……故土难离，旧家难舍，但广大群众深知"我们怎么样，磐安就怎么样"的道理，克服不便与不安，才使得"一条街拆八年"的历史不再重演。

三年征迁，五年建设。回首来时路，磐安人清楚自己身在何处，三年征迁已圆满收官；再看未来路，磐安人清楚自己要往何方，"品质山城"建设新使命，目标不容改，也不容打折。在困难与目标之间，磐安人唯一的选择就是"干"。

磐安人对标"现代之城"，推动产城融合、完善城市功能，加快城市有机更新，打造一座经济繁荣、人气兴旺、业态丰富的活力之城。

2020年10月15日，是外滩华府小区新住户朱华庆的大喜日子。他安置的新房已经全部装修完毕，不久便可入住。作为首批新房安置对象，朱华庆难掩内心激动："三年，谁都想不到，我竟然三年就能住进新房，政府果然信守承诺。"拿到新房钥匙的不止朱华庆一人，目前，回迁安置工作正有序开展，已完成现房安置708套。

截至目前，城上西、东溪街南区块已交付使用，并率先完成选房安置；市口、五指、县府东侧等区块已完成主体工程，年内将陆续完工并交付使用；大田畈、文明街、东溪街北核心区块、桃花坞区块安文中小学校迁建工程已完成主体结顶；上宅、中宅、后田畈区块全面实施住人危房改造和住房特困户安置。在城市建设中抢时间、抓进度、创品质，真正体现了"磐安水平"，跑出了"磐安速度"。

站在海螺桥眺望，宝龙广场施工现场的忙碌景象一览无余。桥头的宝龙广场规划图前，经常聚集着三五成群的市民，大型购物中心、超市、电影院、美食广场……造型现代、功能多样的体验型城市综合体跃然纸上。市民不敢相信，以前破旧拥挤的文明街区块竟要成为媲美大都市的山城新地标，不仅能满足居民商业及娱乐需求，更能提升城市的品质。

与之相望的是万影达文化影视产业园，这个磐安有史以来投资规模最大的文旅综合体项目，规划了一个高标准影棚集群、一座五星级酒店、一条影视旅游特色商业街，着力打造国际影视创作基地和高端文化艺术交流中心。万影达文化影视产业园是磐安县促进产城融合、建设品质山城，主动谋划布局的省级重大服务业投资项目，它的建成将对磐安县城市功能完善、品质提升、产业升级，具有十分重大的示范引领作用。县城，因为这一项目，拓展了1/5版图。磐安，因为这一项目，将崛起一座文化影视产业新城。

为了让日渐落伍的山城重新焕发活力，县委县政府不忘初心，坚持把人民对美好生活的向往作为奋斗目标，高起点规划，高标准实施。老城区改造期间，一大批配套基础设施工程项目相继投建。老城区生态修复和景观提升工程绿道建设项目、亲水公园、花台山公园提升改造、环城北路道路白改黑、海螺桥拓宽……

在百姓眼里，最直观的感受就是县城的灯亮了、路通畅了、生活更便利了。对于一个城市而言，推进生态修复、提升人文内涵、彰显山城韵味，为磐安"美丽之城""幸福之城"夯实了基础。

"为打造磐安城区金名片，盘龙广场、三棵树公园……这些磐安人再熟悉不过的地方，昌文塔、安福寺……这些先贤留下的历史文化记忆,都将被赋予新的内容、展现新的风采。"翻出厚厚的规划书,县住建局局长方妙劲介绍,旧城改造的重点不在于拆,而在于建。磐安将分类分步实施区域更新改造,保护与开发并重,着力打造地方特色浓郁、历史人文气息深厚、传统与现代相结合的旅游、商业街区,将古城建成集文化、商业、旅游功能于一体的历史文化、休闲旅游景区。

城市记忆要留住,城市基础设施和百姓生活水平也要继续提升。"我们会继续加快旧城改造安置房建设和老旧小区改造,进行相应的功能提升和基础配套建设。"方妙劲表示,城区将聚焦内外兼修,加快推进"生态修复"工程,加快安文中小学、县人民医院医技综合楼、文体中心、妇幼

保健院项目等基础设施建设和功能配套,加快城区供水、排水排污、市政公共基础设施配套,加快老旧区块改造等工作也会相继实施。未来的磐安,城市配套将更加完善,功能布局将更加合理,城市绿色生态网络将更加系统,让生活在这里的人们享受满满的获得感和幸福感。

"积力之所举,则无不胜;众智之所为,则无不成"。2020年是"品质山城"建设落地见效之年,三年见成效的夙愿,已然在砥砺前行中实现,为"品质山城"之战开了好局;努力奋斗的号角再次吹响,磐安铁军将再次挑起千钧重担,唱响最强音,当好答卷人,五年出品质的梦想,必将在接续奋斗中成就。

文｜杨莹萍　图｜金惠菊

城镇化的生活向往
——从集镇升级感受城镇发展的时代力量

> 习近平总书记指出：人民对美好生活的向往，就是我们的奋斗目标。[1]

建设新时代美丽城镇，是推进"八八战略"再深化、改革开放再出发作出的重大部署，也是践行初心使命、实现人民对美好生活向往的实际行动。近年来，在小城镇环境综合整治取得阶段成效的基础上，磐安县上下同欲，担当作为，积极推进美丽城镇建设，一幅宜居宜业宜游的美丽画卷正在磐安大地徐徐展开。近日，《牢记总书记嘱托 建设重要窗口》栏目组深入各乡镇采访，感受城镇发展的时代力量。

尖山镇：争创县域副中心型美丽城镇省级样板

初冬时节，走进尖山镇，完善的基础设施映入眼帘，古韵古香的尖山老街焕然一新，即将启用的小镇客厅，政务服务区、共享平台区、路演中心区、科技成果转化区等令人眼前一亮。

这一幅幅美丽的城镇图景，得益于2020年开展的一场美丽城镇建设行动。尖山镇是国家级生态示范乡镇、浙江省级中心镇、磐安县域副中心，素有"云上尖山 乌石小镇"的美称。这里地处山区台地丘陵，尖山全镇平均海拔520米以上。

2020年以来，为了打造"工农互补、文旅互促、城乡融合、全域美丽"的美丽城镇，尖山立足"县域副中心 台地小城市"，以美丽城镇省级优秀行动方案为切入点，全镇上下同欲、干群一心，在环境上下功夫、生活上做文章、产业上深发展、人文上重挖掘、治理上求突破，全面提标、全域提质，形成城乡融合、全城美丽新格局。

---

[1]中共中央文献研究室.十八大以来重要文献选编（上）[M].北京：中央文献出版社，2014：70.

过去的尖山镇，存在诸多道路破损、房屋老旧等现象，经过美丽城镇建设，眼前新貌与原有印象形成了鲜明对比。道路干净整洁，商店招牌都改成统一样式，街边车辆也都按照方向有序停放。

湖上村皇城湖畔，一条约6公里长的环湖绿道沿着山坡起伏蜿蜒，湖光山色，尽收眼底，成为八方游客新的打卡点。面对改造后的环境，当地居民纷纷点赞支持。"以前乱糟糟的，现在经过整改建设，游客不仅能玩景区，也能逛逛镇区。"在湖上村民宿业主厉杭彪看来，随着美丽城镇建设的推进，民宿的发展前景将更好。

不大的面积，不多的人口，在美丽城镇建设的规划引领下，尖山镇开始绘就一幅小而美的精致画卷。统计显示，尖山镇2020年共投资8173万元，完成智安小区、小镇客厅等27个美丽城镇建设项目。除美丽城镇专项配套资金3427万元、部门列支1652万元外，该镇通过农村综合改革集成建设项目、民宿助推乡村振兴等省级试点统筹资金3030万元。未来两年，还将投入建设资金20多亿元。

即将投入使用的尖山医共体大楼也是美丽城镇建设的一环。新卫生院前期将开放50张床位，增设中医馆、CT、动态心电图等科室，软硬件共同升级。农家乐业主周瑞芳说，新建的医共体大楼环境优美、设施齐全，极大地改善了当地居民与游客的就医条件。

尖山镇负责人介绍，该镇将继续对标"功能便民环境美、共享乐民生活美、兴业富民产业美、魅力亲民人文美、善治为民治理美"的美丽城镇建设"五美"要求，以构建

镇、村生活圈为核心，着力补齐道路交通、市政设施等方面的短板，努力为居民提供舒适便捷的生活环境，继续提升群众的获得感、满意度、幸福感。

方前镇：创富在"希望的田野"

方前镇是磐安东大门，既有着丰富的山、水、林、田、湖等自然资源禀赋，又有"小吃之乡""戏迷小镇"的丰富人文内涵，一二三产业融合发展更是呈现良好势头。如何有效利用资源优势，推进新时代美丽城镇建设，是该镇首要任务。

2020年以来，该镇紧扣"绿色增收"这一核心，成功探索出一条以打造"景美、村美、味美、业美、人美"的"五美方前"为载体，通过"五美"促"五变"，努力探求"集镇变街区、乡村变景区、农业变商业、农房变民宿、农民变老板"的美丽城镇新路径，为积极打造全省乡村振兴样板地奠定基础。

提高就业创业率是城镇建设的应有之义。方前从发展产业入手，让农民从事门槛较低、相对专业的事。该镇搭建了"现代农业产业区、地质景观观光区、山水运动集合区、木制品产业加工区、小吃美食体验区"五大创业平台，引导广大农民投身"希望的田野"创业创富。

2019年底，方前镇会同农商银行和农业农村局开展普惠金融试点，让农民只要凭身份证就可以贷款。到目前为止，共有600多户农户办理了手续，其中低收入农户贷款共计45万元。这对没有抵押物的农民尤其是低收入农户而言，是以前想都不敢想的。

产业发展带动了低收入农户增收。这段时间，每天一大早，71岁的施世清就来到自家地里，采收蔬菜瓜果。"悬崖村"的推出，游客来得多，他种的红薯、四季豆不愁卖，2020年光笋干就卖了4800多元。2019年，村里考虑到他的实际情况，给他免费提供经营场所

卖土特产。得益于旅游业的发展，2019年该村包括他在内的六户低收入农户都顺利脱贫摘帽。

在就业方面，残疾人也是方前镇帮扶的重点对象。金华皓天产业用布有限公司是方前镇工业功能区内2019年新培育的规模以上企业，到目前为止，该企业总共接纳了16名残疾人就业。46岁的寺岙村村民王立军，原在杭州打工。2018年6月，因中风导致手脚不便，失去了正常工作能力。2019年8月，在镇村干部介绍下，王立军到金华皓天产业用布有限公司工作。曾一度悲观的他说，厂里缴纳五险，工作也轻松，让他重新燃起对生活的希望。

双峰乡：凸显水乡韵味 续写"美丽"文章

同样建设得热火朝天的还有双峰乡。沿着双峰乡大皿村的街道行走，就会发现这座被誉为"小江南"的水乡经历崭新蝶变之后，正继续彰显古镇韵味，续写"美丽"文章。

作为省级历史文化名村的大皿村，风景宜人、环境优美，一直是游客青睐的打卡地。漫步大皿村，只见一条清溪穿村而过，九曲回环，奔流南去，将偌大的一个村落分隔成东、西两半，形成天然而又别致的村庄布局。村民们逐溪而居，对称地在溪两岸修建了两条街道，两侧民房一溜排开，鳞次栉比，错落有致，透出一种别样的情调。

"以前来这边玩过，小桥流水，古色古香，很有特色。最近听说乡里植入了许多新业态，就特意过来游玩。"市民陈佳颖说。另一位市民马圣江也表达了同样的看法，"我觉得双峰乡在水乡、人文等方面，都建设发展得挺好"。

如果说尖山、方前城镇化走的是现代潮，那么双峰乡可以说走的是复古风。双峰小桥流水人家，古屋古厅古韵厚重，是有名的风情小镇和"小江南"。一些双峰人于是回家创业，杨旭华十年前从金华回归，开酒店做酒酿，开咖啡馆做乡村都市女人，摆一桌子在桥头，看古塔、听流水、品香茗、话家常，就是她惬意的人生。

美丽的双峰同样也吸引了外地投资者。缙云人邱雄风是公司化运营"共享农屋·磐安山居"第一个"吃螃蟹"的外地投资业主。2018年，他成立墨雨公司，并在大皿村流转70个房间，用于共享农屋运营。邱雄风说，他看中双峰乡的古村落，这里有得天独厚的生态环境、文化资源、交通区位优势。"写生基地+共享农屋"的营业旺季在每年的3—6月、9—12月，两者结合可以说是绝配，既符合美丽经济的方向，又恰好与传统农家乐的旺季错开，形成互补效应。

双峰乡党委书记胡志峰表示，接下来，双峰乡将依托古朴的乡貌，在保护的基础上修缮，在修缮的基础上创新，紧扣集散、集聚、集约的发展思路，主打夜经济，吸引外地游客，把双峰的旅游资源，古朴、深厚的文化底蕴，优美的原生态环境转化为富民产业，让双峰成为宜居宜游宜养宜业的新时代美丽城镇。

建设美丽城镇，不是选择，而是必然。如今，冲锋号角已经吹响，磐安县将持续巩固小城镇环境综合整治成果，坚持"抓美丽城镇项目就是抓发展"，按照"环境美、生活美、产业美、人文美、治理美"的要求，奋力推进美丽城镇建设,跑出美丽"加速度"，把浙中最美大花园变成长三角最美后花园。

文 | 陈斌 张淑华 潘辉 卢樟海 王卓 傅利刚 陈美蓉

美丽乡村的幸福生活
——从乡村蝶变感受新时代农村的发展

初冬暖阳，浙八味药材城又迎来一个繁忙的集日。新渥街道宅口村太平洋小区毗邻药材城，农家乐"八味人家"却闹中取静。几位安徽客商正在宽敞的大厅内悠闲地喝茶聊天，一阵阵浓浓的酒香时不时地扑鼻而来……

八味人家业主陈忠一见到县融媒体中心《牢记总书记嘱托 建设重要窗口》栏目组采编人员，马上过来握手，热情地沏茶。入座后，陈忠深情地回忆，2003年6月，时任浙江省委书记习近平来宅口村调研，关心该村的新农村建设，正是这一年，他从北京回到老家开饭店。指着自己家这幢六间六层半的新房，陈忠说："17年来，我亲身见证了村民居住条件大大改善，日子一年比一年好，这好生活是党的好政策带给我们的！"

"八味人家"，幸福花开

陈忠50岁，一家四口人，有一儿一女。20岁时，他参军入伍，并荣立三等功，退役后曾在北京从事餐饮行业。2003年，陈忠从北京回到宅口村，家里的房子一楼出租给亲友作电车加工，二楼作客厅与厨房，一家人则住在三楼一个48平方米的房间里。房子层高4米，楼梯台阶特别陡，为了安全，女儿3岁前，他从不敢放手让她单独走楼梯。因为家里只有一个房间，所以丈母娘来串门几乎都不在他家过夜。回忆起当时的住房条件，陈忠说："相比老区里没有改造的农户，我的住房也算马马虎虎了，当时有些在外工作的村民回家，有时不得不住在旅馆里呢！"

2003年6月12日上午，时任浙江省委书记习近平来宅口村调研，村党支部书记陈家仁全程陪同。回忆往事，64岁的老党员陈家仁感慨说："总书记非常了解农村的情况，对改善农民居住条件非常关注，讲话非常接地气，正是他的指示引领新农村建设步入快车道。"

9时30分许，中巴车在村水口的苦槠树下停下，一下车，习近平就亲切地与陈家仁握手。陈家仁一边汇报村基本情况，一边陪同习近平参观宅口村。得知为了保护两棵600多年的苦槠树和柏树，村里专门调整了村庄规划，习近平点头称赞。在曹柏山门口，习近平看到一排排新房，陈家仁马上介绍说这是1998年以来，宅口村实施一期、二期旧村改造后的房子。

听了情况介绍后，习近平说，通过旧村改造让老百姓住新房子，宅口村这项工作做得很好，未来工作中要统筹考虑新农村建设，注重"穿衣戴帽"，强化道路等基础设施配套，全面提升农村人居环境。

在座谈会上，习近平结合农村基层党建工作，对新农村建设提出了要求。

1998—2003年，宅口村先后实施三期旧村改造，共拆迁安置农户270多户、屋基300多间。2003年以来，乘着新城区开发建设的东风，宅口村实施了药乡路延伸工程等基础设施建设项目，拉开了道路框架。针对群众的呼声，宅口村分期推进太平洋小区建设，努力破解无房户、拆迁

户、住房困难户及部分危房户的住房难题。截至目前,宅口村已为太平洋小区配套建设投入500多万元,安置农户170多户、屋基600间。村党支部书记陈梦笔从1995年至今一直担任宅口村主职干部。回顾旧村改造工作,他说:"农户拆迁安置工作困难很多,能做到这份上,我们靠的是党员干部齐心协力,靠的是干部带头,靠的是干部不怕吃亏。"

2015年,宅口村太平洋小区二期工程加快推进,期盼了多年的新房梦终于近在眼前,陈忠为此中断了从事几十年的餐饮业,集中精力忙活新房的事。陈忠兄弟俩花了130多万元,投标安置屋基,共投入300多万元,建成6间6层半房子。2017年7月,陈忠迎来新房乔迁的大喜日子,"八味人家"隆重开业。

如今,"八味人家"一至二楼为大餐厅,三至五楼为营业客房(共有15个房间),六到七楼为自住房间。除了农家乐生意,陈忠利用与新城区果蔬市场一路之隔的区位优势,在自家地下室做起酿酒生意。他酿的糯米白酒、猕猴桃酒、红枣酒在当地小有名气,地下室里酒香四溢,整齐地放着硕大的酒坛,储存的酒已达一万多斤。陈忠满脸笑容地说:"现在的生活条件与之前比真是一个天上一个地下啦,这日子真是过得舒坦。"

乡村旅游，别样幸福

2006年6月13日，时任浙江省委书记习近平再次到磐安调研。

在尖山镇，习近平指出，乌石村历史悠久，建筑风格独特，是宝贵的资源，要保护好、利用好老祖宗留下的宝贝，抓住天时、地利、人和的有利时机，搞好乡村旅游，带领村民致富，建设美丽乡村。

践行总书记的指示，发展乡村旅游、保护古村落……美丽乡村建设的种子在全县生根开花……

初冬的晨雾渐渐散去，尖山镇湖上村陈界自然村上空的蓝天分外迷人，民宿"尖山云顶"的店招熠熠生辉。房前有一个偌大的庭院，乌石砌成的矮墙在阳光中晶莹闪耀，鱼池中的假山泉水叮咚，精致的黄藤架上一片葳蕤青葱，客人在秋千长椅上悠闲地晒太阳。敞亮的客厅里，冯小林一边接电话，一边登记客人的订房信息，脸上洋溢着幸福的笑容。

冯小林老家在湖北，嫁到陈界村已15年。之前，她与丈夫周仲良在尖山卖熟食维持生计。2009年，她顺应形势发展，回村开起了农家乐。几年下来，生意并没有她想象的那么好。冯小林生性不服输，本着"穷则思变"的理念，暗暗谋划农家乐提升发展之路，并专程到莫干山

等地考察民宿情况。2016年，磐安县美丽庭院建设在全县如火如荼地展开，这正中她下怀，她家成为陈界村第一批五户精品庭院建设试点农户之一。为了提升品位，冯小林花了血本，雇了石匠纯手工打磨本地的乌石，用于建设庭院，光此一项就花费了5万多元。她家的庭院由县美丽庭院创建工作办公室委托专家设计，累计投资13万元，远超出了精品庭院的验收标准。后来，所有农家乐业主都自发建成了精品庭院，因为它更受顾客的青睐。

同时，冯小林耗资100多万元，对原来的农家乐进行重新装修，房间从原来的10个减至6个，床位从20个减至9个。一楼是厨房与客厅，二至四楼分别是小欧式、新中式、阳光房风格的房间，房型有亲子房、标间、大床房三个类型。邻居看着原来好好的房子拆得七零八落，建筑垃圾满地……一个个摇头叹息，背地里议论纷纷：怎能说拆就拆？房间少了还能赚钱？这不是败家吗？这让冯小林的压力陡增。不过，事

实证明她的选择是对的。2017年8月，民宿"尖山云顶"开业，纵然房价每晚380元至580元，但生意火爆，回头客多，一年毛收入能达到六七十万元。冯小林说："七八月份，我的客房几乎没有空过一天，现在基本坐等客人上门就好了，邻居都称赞我家端上'铁饭碗'了呢！"

陈界村共有103户238人，全村80%以上人口从事农家乐产业，共有农家乐38家（其中高端民宿12家），床位968张。2019年，全村共接待游客26万人次，实现直接经营收入3000余万元。

湖上村党支部书记周红光已连续25年担任陈界村主职干部，组织实施村里三期旧村改造。如今，除了一幢由村集体收储的四合院之外，陈界村再也看不见老房子了。2007年10月，为了发动大家开办农家乐，时任村党支部书记周仲贤、村委会主任周红光庄严承诺：十年内，村主要干部不安置屋基、不开办农家乐，保证让村民先富起来。近三年来，该村先后投入数千万元，完成三线地埋、环村自行车绿道、荷花谷、休闲广场、乡村大舞台、创意公厕等旅游休闲设施配套建设。十年来，周红光、周仲贤切实履行了自己的承诺；十年后，他们在村民脸上看到了走向"很高境界的富"的幸福微笑。

古村保护，老树新花

2020年春节，九和乡三水潭村的杨氏宗祠恢复了往年的热闹景象，全村的杨氏子孙济济一堂，到此"打卡"祭拜祖宗。村党支部书记杨放明告诉记者，该宗祠原本已比较破败，为安全起见中断了供奉祖像和祭拜活动，幸亏县相关部门高度重视古村落保护工作，扶持村里对杨氏宗祠、廿四间四合院开展抢救性修缮，让这些古建筑重新焕发了青春。

三水潭村是中国传统古村落，2019年，作为省级历史文化保护利用第五批一般村，三水潭村先后投入近70万元，开展杨氏宗祠等古建筑、古民居的抢救性修缮，其中24间四合院的修缮耗资41万元。完成修缮后，原本破败不堪的四合院开始身价倍增，住户杨陈康已紧锣密鼓地开始装修自己的一间半古民居。他的房子前后都安装上了仿古木窗，屋内堆满装修材料，横梁上悬挂着一盏"根雕"创意台灯。杨陈康试水自己的房子开民宿只是他创业计划的"序幕",他与村集体进行接洽,拟租用村集体的八间古民居作民宿。

作为AA级景区村,"保老区、建新区、不拆古民居"逐渐在三水潭干部群众中形成共识。村民杨相伟说:"保护古村落的政策好,保住的老房子将来肯定比新区的房子值钱,有老房子才会有项目政策倾斜,才能带来人气。"

思想的光辉照耀着大地,磐安县牢记习近平总书记的殷殷嘱托,用实干担当加速乡村"蝶变"。17年来,磐安县实施农村基础设施项目5200多个,投入建设资金近十亿元,农村人居环境发生根本性变化。全县已建成"十美村"206个、"十美整洁村"85个,创建省级美丽示范乡镇5个、特色精品村14个、历史文化村落32个。2016年以来,全县拆除危旧房31万平方米,建设农民公寓5.32万平方米。2018年,磐安县荣获美丽浙江建设工作考核优秀县。截至目前,全县拥有农家乐特色村108个,农家乐961家、床位1.83万张,2020年1—10月接待游客185万人次,营业收入2.84亿元。

文 | 杨适时 张淑华 杨陈丽 陈家豪

 磐安复县以来的发展史就是一部脱贫奔小康的奋斗史。从浙江省头号贫困县到摘掉"贫困县"帽子,到摘掉"欠发达县"帽子,再到2020年全面高水平建成小康社会,离不开全县党员干部不忘初心、艰苦奋斗,也离不开全县人民自力更生、创新创业。"小康不小康,关键看老乡"。群众是小康建设的主力军,更是小康生活的见证者。磐安县融媒体中心推出大型主题报道《老乡你好——小康路上看变化》,引领读者感受老乡生活发生的翻天覆地的变化,感受老乡心中的幸福和喜悦。

泥庐里的幸福生活

——盘峰乡下初坑两户"幸福计划"农户的小康路

小石桥、泥坯房、石径路……下初坑恬静地卧隐在山的环拥之中,鸡犬相闻,炊烟袅袅,人和景美,好一派丰足的山村小康图。

时下正是避暑旅游的黄金季,下初坑因为泥庐特色民宿早已名声在外,尽管有疫情影响,却因独特的环境和特色人文,吸引着一拨又一拨山外游客来这里消暑纳凉、休闲养生。

张苏琴、陈岩星是山前村下初坑自然村的两户普通农户,他们曾苦在山里、穷在山里,因致富无门、疾病折磨而几近贫困难以度日。现今,他们因为"我的幸福计划",放养土鸡、开办农家乐,不仅有了房屋出租财产性收入,而且还有农家乐经营产业性收入,日子过得甜美富足,让他们自己都有些不敢想象。

《老乡你好——小康路上看变化》栏目组的采访就从这两户农户的探访开始,循着他们的生活轨迹、家境变化,感受他们脱贫奔小康路上的一路风雨、一路变迁。

曾经的老房 曾经的路

张苏琴是下初坑自然村最早开办农家乐的一户农户。当天中午,游客在她家订有两桌中餐。她和丈夫张洪传一早就忙开了,得知采访来意,张苏琴虽很忙但也十分配合。她那溢于言表的高兴是她对现今生活的知足和幸福。

张苏琴的话匣子从她小时候的生活开始。"我是风厂村人,小时候家里很穷,小学没毕业就辍学回家,帮着家里烧饭、喂猪、洗衣服,带弟弟、妹妹……"张苏琴家有4个兄弟姐妹,父亲身体一直不好,母亲是家里的主要劳动力。在那土里刨食的年代,家里没有劳力,那日子过成什么样就可想而知了。

16岁那年,遵父母之命,张苏琴从风厂村嫁到下初坑,相比于风厂,下初坑离磐

仙公路近些,"卖柴卖树方便一些"。尽管张洪传家境也好不了多少,但山里人不敢有太多的奢求,一个"交通方便些"便成了父母许婚的最大理由,也是他们对张苏琴生活幸福的最大托付。

婚后,张洪传父母分给张苏琴夫妻俩一间泥房。他们总共造了三间泥木结构房子,一间自己栖身,两间分给了张洪传兄弟俩。张苏琴分到的是东侧金字头的一间,边上有块余基,但限于当时她公婆的家境,心有余而力不足,想造也造不起。

张苏琴婚后的生活并没因"路方便一些"而有大的改观。那时,他们除了卖柴卖树没有其他收入来源,山里人不争力气,树和柴没有多少市场,也卖不出好价格。一担柴,牛劲马力挑到公路边,充其量只能卖几块钱,并且能不能卖掉还是未知数。一年到头,能从中"挑"出个千把块钱就是"佛祖保佑了"。

家庭收入没有很好的来源,但家庭开支却在增加。下初坑是风厂过往仙居的必经之地,"娘家人经过、路过,赶上了总得留他们吃个便饭。"憨厚、孝顺的张苏琴夫妇常常因家里的"穷"而为"娘家来人要不要招待"而犯难。

"那时我们家真的穷得揭不开锅,我爸爸妈妈来,也只能招待他们吃一碗稀饭。"张苏琴回忆起当初,眼里不禁泛出了泪花。贫穷限制了人的亲情,穷苦出身的张苏琴,面对同样穷苦的父母,都拿不出像样的东西来招待一下,这等悲苦和凄楚几人能知?

张苏琴回忆,她父母看到她家的境况,劝慰她不要担心,"亲戚朋友来往,稀饭总要招待的,粮食不够,就到风厂家里来挑。"有几年,张苏琴真因"家里实在揭不开锅"而到风厂父母家去"借"过粮食。

窘迫之境并不止于吃的问题,住的事情同样让张苏琴难堪。

张苏琴一家只有一间泥木结构房子,随着两个孩子的出生,家里住房紧张状况陡增。每逢家里来客人,她都紧张得要命,"生怕客人住在这里"。好多次,她父母摸黑从仙居、县城回家,她都不敢让父母留宿,只能无奈地看着父母,蹒跚着摸黑走向那大山的深处。

这般心的纠结和"漠视亲情"的煎熬让张苏琴下定决心,咬紧牙关也要把边上的那间房子给造起来。1988年,她撺掇丈夫张洪传造房子。没钱,他们就从张洪传姐夫那里借来了200元钱,自己起早摸黑帮工,好不容易用黄泥搭建起边上的小屋。

住房条件有了改善,债务压力却又让他们差点背上了"背信弃义"的骂名。三年,整整三年,他们都还不上张洪传姐夫的那200元钱,以致姐夫愤愤地说:"这钱你们不用还了,就算我给你们用好了。"

山里人纯朴,把亲情看得比山重。"自知理亏"的张苏琴毅然把家里准备过年的年猪提前卖掉才好不容易还了这200元借款。这样的后果是她家吃了近一年的素,因为没有了年猪,就意味着这一年她家就没有

一点莘气。

山里人的生活大致相仿。陈岩星随母改嫁从山外来到了下初坑，他家现住的房子是他17岁那年造的。三间木结构泥墙屋，依山就势建在半山腰上。陈岩星说，当年造房子，地基是自己开的，石头是自己扛的，反正那几年，他们兄弟三人，忙完农活就造房子，用双手把地基一点一点平整出来，用肩膀把石头一块一块挑上去，垒成了五米多高的地基，造了三间两层泥木石结构房子。

陈岩星家的房子在村里是地势最高的，立地条件并不理想，若从农村农业生产角度而言，还有着诸多不便。但下初坑就这个条件，容不得他们有过多的选择，能住上新房子是他们最大的愿望，至于立地条件，他们就顾及不了那么多了。

厚道人自有厚道福。这一当年让人无奈的地基，现今却成了农家乐的首选之地。这是后话，但从房子角度而言，这又是一段陈岩星的"心路"。

当年的大山 当年的事

下初坑的山是一重一重的。在村里，从村的这一头，山遮树掩，你看不到村的那一头；在村外，从路的这一头，盘旋曲折，你到村口还不知路通往哪一头。

这样的村，你能想象当年没电、没路，村民们过的是什么样的日子？他们对通电、通路又有什么样的渴望？

说起当年没电、没路的日子，陈岩星心里有几近悲凉的感觉。他说，那时候还年轻，家里的生活真的很不方便，一到晚上便是黑灯瞎火的，有点柴啊、树啊，想运出去换点食用的，肩挑背扛，用的是牛劲马力。因为山里生活的苦，他曾经逃离过这个村，到外面去闯荡了好多年。

好日子是山里人的渴望。这种渴望一旦触碰到机遇，山里人的执着便会变成一种不知疲倦、不计辛劳的付出。下初坑的通电、修路，以及后来"我的幸福计划"在这个村的落地，都是下初坑人心头那些"抹不去的当年的事"。

先说通电吧。那时候的小康标准是：楼上楼下电灯电话。电话是奢侈品，他们倒没有多大奢求，但电灯是必需品，他们便使出了"砸锅卖

铁"也要通上电的劲头。

据陈岩星回忆,当年他们村通电采用"民办公助"形式,村民们要安装电灯,得按家庭人口多少筹交一部分钱。陈岩星记得,他们村当年是按三口之家2000元的标准筹的款。

2000元钱在今天可能算不上什么,但在当年,对下初坑人来说,那简直就是一笔巨额支出。孰知,当年,他们肩挑背扛卖上一年的柴和树,也只有千把块钱收入。可他们为了这心头的"光明",家家户户或借或贷或掏箱底,都齐刷刷地交足了钱。

通电,他们出了钱;通路,他们没钱则出力。

下初坑村离磐仙公路有一公里之距。磐仙公路修通已有很多年了,但下初坑的通村路因为没有资金而一直没有修通。

1997年,村里下决心修路。一呼百应,全村人没有一个人打退堂鼓,分段分户投工投劳,历经20个月的集体奋战,终于修建了一条通往外界的机耕路。

没有路,修上了路;没有电,通上了电。这两件事对当年的下初坑来说是"天大的事",但山还是那座山,水还是那道水,"天大的事"办成了并没有带来"天大的变化"。若说有,那也只是一些生活上的小变化,方便了一些而已,他们渴望的增收门路并没有因通电、通路而打开,村民们还是过着那种"吃不饱、饿不着"的日子,倘若碰上疾病灾难,他们简直不堪一击。

陈岩星、张苏琴两户在这个方面都有惊人相似的遭遇。张苏琴家庭困难,她公公张宝银生病,6次住院,4次手术,夫妻两人辛苦操劳挣来的钱几乎全部扔到了医院里。

陈岩星则是他本人身体不好,长年的劳累使他多病多痛,三天两头需跑医院,医药费成了他家不堪承受的重负。

2012年,改变的曙光照进了下初坑。这一年,原高二乡联合浙江品尚道农业开发有限公司推广实施"我的幸福计划",由政府牵头,农业部门提供技术指导,公司负责管理营销,组织发动农户种植生态水稻、养殖农家土猪和土鸡。

苦于致富无门的张苏琴、陈岩星两户第一时间报名参加"我的幸福计划",分别领取了500只、800只鸡苗。

山区养鸡可不是件容易的事情。"鸡苗脱温环节最要紧,那时候我和丈夫一个守上半夜,一个守下半夜,确保鸡棚的温度保持在33度以上,并且一个多星期一天都马虎不得。"说到养鸡,张苏琴记忆犹新。"我的幸福计划"给农户打开了一道门,但能否真正走进去,还得看他们的艰辛和付出。

穷则思变。穷苦出身的张苏琴、陈岩星吃了很多苦,"鸡苗保温没日没夜守护"这点苦对他们来说算不了什么。上天不负苦心人,养鸡还真让他们开启了"幸福生活"。第一年,张苏琴挣了3万多元,陈岩星挣了七八万元。

这对他们来说是一笔多大的收入啊!随后几年,他们都把养鸡当作增收主业,尽管风云有变,禽流感让他们损失惨重,但他们养鸡的信心没有变,规模一年比一年扩大,生活也一天比一天好起来了。

现在的民宿 现在的家

养鸡只是"我的幸福计划"的初级版,在下初坑,"我的幸福计划"还因那些"曾经的老房"有了升级版。

这个升级版的驱动力就来自磐安县旅游的全域化发展和高姥山的那朵红杜鹃。

一朵杜鹃红了磐安。高姥山因为杜鹃成海而声名在外,全域旅游的春风更是催生了高姥山文化旅游度假区这样的森林旅游标杆性项目。

高姥山麓的旅游热潮顺理成章地让下初坑成了旅游开发的一个热点。那些"曾经的老房",那种隐匿山中的村落环境,那湾一碧如玉的溪流……这些曾让村民感到苦、认为穷的事项,在全域旅游的当下都成了"一种乡愁"而受到旅游投资者的青睐。

浙江品尚道公司因"我的幸福计划"走进下初坑,自然对这些"乡愁"资源有独到的见解。他们抓住高姥山旅游开发的风口,捷足先登租用当地这些"曾经的老房"开发特色民宿。

张苏琴是首批将闲置房子租赁给浙江品尚道公司的农户。当听到品尚道公司要租用她家房屋时,她还大惑不解:"我们这样的泥墙屋竟然还会有人出钱来租?"她爽快地将一间"正屋"和一个猪圈出租给他们,拿到了她家历史上首笔房屋出租收入——3.6万元钱。

浙江品尚道公司在下初坑租赁了像张苏琴家这样的泥坯房10幢,

按照精品特色民宿的理念和标准进行了装修,还冠以一个很文艺范的名字——泥庐。

张苏琴是第一个响应者,也是第一个得益者。特色民宿改造装修期间,装修工人就在她家吃饭,这让她家有了一笔可观的饭店经营性收入。

下初坑特色民宿名声渐起,前来旅游住宿的游客日益增多。张苏琴又第一个开办起专门从事餐饮的农家乐,家庭也因此有了稳定的旅游经营收入,日子也日渐红火了起来。现今,她家不仅改造装修了自己的住房,光厨房设施就投入28万多元。

"做梦也想不到,在家也能做生意,烧饭也能挣上钱。"张苏琴感叹幸福的生活来得有些突然。

陈岩星也有这样的感慨。他也首批加入下初坑"我的幸福计划"升级版,利用半山腰上的两间泥木结构房子,办起了山村人家农家乐。

这两间农业生产立地条件不太好的房子,做起农家乐来倒成了一个可人的地方。地势高、视野广,再加上石径台阶,单门独户,有一种曲径通幽的感觉,得到了游客的青睐,生意也便不是一般的好。

2020年受新冠肺炎疫情影响,旅游受到重创,可下初坑的旅游似乎恢复得比其他地方要快一些,5月份就基本恢复到往年正常水平。陈岩星翻看着手机支付宝收款记录:"这一天的营业额做到了5900元,我以为是创纪录了,没想到第二天就达到了6580元。"

陈岩星幸福着"我的幸福计划",如果说,农家乐生意的红火是他的一种幸福的话,那"我的幸福计划"升级版促成了他儿子的一桩婚事,这是他最幸福的事。

原来,陈岩星的儿子和儿媳就是在建造下初坑小木屋时认识、恋爱、结婚的。现在,陈岩星的儿子是农家乐的主厨,儿媳做帮手,一家人把农家乐经营得有声有色。

陈岩星难抑内心喜悦地说:"幸福计划真的让我家过上了幸福的生活。"

这样的佳话是"我的幸福计划"带来的,它在计划之外,但仔细想想,也在计划之内。

文 | 虞晓峰 陈静 黄家林 周晓强

陶新花：残缺的花儿别样美

因患少儿麻痹症双腿残疾，常年靠一双拐杖东奔西走；因家境贫寒只读过一学期书，躲在教室门口偷偷"上"了两年学。陶新花，一位残疾农村妇女，靠着自强不息实现了人生"大逆转"，通过经营来料加工，不仅自己过上了富裕的生活，还带领300多名农村妇女、残疾人走上致富路。

每天凌晨4点，陶新花就早早起床，整理验收完前一天晚上收上来的头花产品后吃早饭，然后驾驶她的马自达轿车到各个来料加工点检查进度情况。上午10点左右，来到冷水镇"残疾人之家"，指导大家加工头花。吃过中饭后，她又开着车到各个加工点回收头花产品，打包后发往厂家。每天晚上她都会回到距离镇政府3公里的白岩村大溪自然村家里，她在村里还开了家烟酒店，村民们都习惯等着她晚上回来再来买东西。尽管在镇里建了房子，她还是习惯住老家，"老房子住久了有感情"。

这就是陶新花一天的工作，日复一日，年复一年。

2020年7月14日上午，我们来到陶新花的"残疾人之家"。她刚好转了一圈回来，车上装满了村民送给她的西瓜、甜玉米。"这是大家的一片心意，他们都知道我'家里'人多。""残疾人之家"的房子是陶新花花了100多万元建造的，一楼是加工点，二楼是厨房，三楼四楼是培训室、康复室，12名残疾人在这里加工头花、免费吃午饭，每星期两次康复训练。新渥街道双槐村西庄自然村残疾人陈正银还带了智障的妻子过来，他每天可以挣到20多元加工费，妻子就在边上玩。"真的感谢新花姐，不仅可以挣到钱，更重要的是这个家让我们得到了温暖。"

"我自己也是残疾人，深知残疾人的苦。"2岁患少儿麻痹症，从此不能正常行走。8岁到了上学年龄，因为家里穷，仅仅读了一个学期，家里就交不起学费了，渴望读书的陶新花就偷偷躲在教室门口听了两年课。16岁那年母亲去世，父亲身体不好干不了农活，一家人的担子就压在了残疾的陶新花身上。她下面有3个弟弟妹妹，最小的3岁，最大的13岁。为了养家，她什么活都干，做手工、挖元胡、采茶叶，因为身体残疾，她每天挣的钱不到别人的一半。

苦难的童年练就了陶新花不服输的坚强意志。21岁那年，陶新花结婚了，丈夫李文龙也是一名小儿麻痹症残疾人，第二年有了儿子。两个残疾人组成的家庭困难可想而知。"经常是吃了上顿没下顿。"倔强的陶新花心里发誓要改变这一切。她说服丈夫办了个养猪场，还种了香菇，后来又买了机器织毛衣送到义乌市场卖。靠着辛勤劳动，他们盖起了新房。

转机出现在1989年。有一次到义乌小商品市场送毛衣时，陶新花看到一家商铺从事围巾来料加工业务。她偷偷剪了一段围巾带回来，在家里按照样式织了一条围巾，商铺老板看了非常满意。第二天，老板亲自找上门来，把一笔24800个手机包的加工业务给了她，要求在半个月内完成。陶新花在村里找了11名妇女，手把手教她们学会加工技术，半个月后，第一笔业务如期完成。老板过来验货时非常满意："你大胆做起来，业务我有的是。"

就这样，陶新花认定来料加工是一条农村妇女增收的好门路。但要把

来料加工做大，对一个双腿残疾的女人来说，谈何容易。为了发动更多妇女从事来料加工，陶新花拖着残疾之躯，到义乌市场一家一家找业务；晚上回到村里又一家一户上门动员，手把手传授技术。

就这样，陶新花的来料加工点逐步从大溪扩大到冷水全镇，又扩大到仁川、新渥、安文等周边乡镇，再后来又扩大到了仙居、缙云、天台等周边县市，甚至江西都有她的加工点。现在，陶新花共有13个加工点，从业人员达到300多人。20年来，累计发放加工费6000多万元，2019年达到480万元，2020年在疫情之下，也已达到200万元。冷水镇朱山村妇女曹春妹跟着陶新花做来料加工十多年了，家里农活、照顾孩子一样没落下，每月可以增加收入1000多元。

成功的背后是常人难以想象的艰辛和付出。2010年农历十一月二十八晚上，天下着大雪，陶新花骑着三轮摩托车到缙云送货，骑到半路，摩托车没油了，手机也没电了。漫天大雪、刺骨寒风，陶新花只能坐在摩托车上等过路人救助。从晚上10点一直等到第二天凌晨2点，才等到一辆过路的车子，这时她的双腿已严重冻伤失去知觉。因为冻伤，她的腿溃烂了3年，直到现在还留着伤疤。

阳光总在风雨后。如今，陶新花把老家的房子全部翻新重建，在冷水集镇有两间四层"残疾人之家"，出入有轿车代步，还有3辆货车运输头花产品。2019年，她又在冷水集镇购买了5间屋基，用来建造来料加工厂，现已建了两层。

"只能往前冲！"陶新花坚定地说。

文｜张黎明

孔令福：走出大山 走向新生活

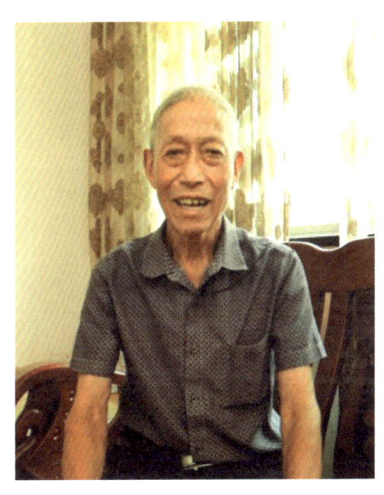

他们，曾生活在大山深处，与山为伴；也受制于山，渴望改变。他，27岁退伍回村任党支部书记，带着梦想，肩负责任，尝尽艰辛，直到带领"他们"离开贫瘠的大山。那一年，他65岁。38年的探寻，抚今追昔，78岁的孔令福说："我们能享福，全靠党的政策好。"从以前的艰难度日，到移民下山步入小康生活，回顾往事，老人由衷感叹。

从一条山路走到顶到宽敞大道通到家

路是人走出来的。从盘峰乡盘峰村上佃自然村往山上走，路的尽头，就是金竹头村。这里是孔令福曾经的老家，海拔850多米，全县最为偏远的山村之一；这里除了山还是山，连接外面的唯一通道是一条蜿蜒曲折的6公里羊肠小道。孔令福告诉我们，"日常生活所需的物资全都靠肩挑手提，平时一般不下山，没肥料、油盐了才下山去买。"

上山的路越走越窄，很不好走。致富之路也一样，走得很艰难。孔令福把所有边角地块种上了玄参、白术、天麻等中药材，但扣除种子、肥料等成本，一年辛苦劳作也就2万元左右收入。他还养了50多桶蜂，也因山高路远影响销路，其他收入就几乎没了。

想致富，先修路，可都因成本高、用到邻村田地协调难等原因未实施。路进不来，人可以走出去。在县委县政府的重视下，2005年，金竹头村启动搬迁计划，2007年成为全县最早一批整村搬迁的村，坐落在新城区枫园小区，取名"阳光新村"。

"一脚跨出山门，就找到了幸福的感觉。"孔令福说，"看到村民纷纷找到了来料加工、家庭作坊、房屋出租等务工、创业门路，在家门口就能赚到钱，我也就算不辜负群众的信任了。"

现在，诸永高速、219省道村前而过。不久，附近的杭温高铁站又将建成，道路越来越宽，致富之路也越走越广了，2019年全村人均年收入已达7万元左右。

小康路找到了，2008年换届时，孔令福把担子交给了年轻人。平时，他也没闲着，帮忙村里管理小区公共绿化，养了30多桶蜂，时不时去打几个零工，几年下来，不仅把当初造房子的债还清了，还有了几十万元的存款。现在，孔令福的生活也有了更多保障，养老保险、离任村干部补助、生态公益林补助每年有5万多元。

从田野搭棚赶野猪到饭后散步广场舞

山里寂静的夜晚，是野兽出没的时机。山里生态好，野猪也越来越

多，庄稼成熟了，就一窝一窝地出动，闻着庄稼味找食吃。一块地只要被野猪光顾过，当年就基本没什么收成了。

赶野猪保粮食，成了山里人生活的大部分。从四五月份开始，孔令福与村里人就会在田地边搭起草棚，晚上安排守夜巡逻，发现野猪行踪就立即驱赶，直到庄稼收获归仓。番薯、大豆、玉米、稻谷……种得越多，守的时间越长，每年约120天在外守夜，晚出早归，夜里仅靠一支烛火或一个电筒来驱散黑暗与孤单。

山里生产生活条件恶劣，但山里人不向困难低头。他们抱团发展，1975年购买发电机用上了电灯，1978年村集体买了一台电视机，1993年农户筹资通上了高压电……可现实总是赶不上发展，与其他村相比，差距反而不断拉大。

搬迁到阳光新村后，村民变市民，山下丰富的生活与以往有了很大不同。夜晚，村民们三五成群来到村里广场，或聊天休憩，或在健身器材上活动筋骨，或跳起了广场舞。还有附近的新城广场、亲水公园、夜市，一个个公共场所不仅改变着村庄的面貌，也提升和改变着村民的生活水平、生活方式。

"饭后时常与老伴带着孩子一起沿着公路、广场、公园、绿道散步一圈。平时有空也习惯在小区里转转，看看花坛里的花长得怎样了，有时顺便帮忙浇水除草。"孔令福说，"真想不到我们农民出身却不种田地，也跳起了广场舞。老伴平时要带孩子，没时间学跳舞，看着人家跳也很羡慕。等孙子上学了，老伴说也去学跳舞，也要洋气洋气。"

从梦里常思盼团圆到儿孙常伴在眼前

采访时，孔令福妻子郭小花带着4岁的孙子和5岁的曾孙女刚从广场玩了一圈回家。她穿着整洁，面容清秀，看不出已有74岁。两个小孩很黏她，看得出来平时都是她在看管。说明来意后，老人的话匣子就打开了。

"尽管我们以前住在山上，但山上田地多，每年也都会养上好几头猪，粮食有得吃。可愁的是，在家吃的人少，粮食留多了需经常拿出来晒，很折腾人。"

以前，子女都在外面，就老两口在家，等到暑假、寒假，孩子们才会回老家住上一段时间。孩子们回老家的日子，老两口生活上增添了许多忙碌，但也是最高兴的时候。山上湿气重，要提前晒被子；山上没商店，要提前储备孩子们喜欢吃的食物……可等到孩子们真的回来了，老两口心里却又矛盾起来。上山路难走，山上蚊虫多，村里玩的东西少……想到孩子们诸多的不习惯，尽管平时心里想着念着，有很多的不舍，但每次总劝他们能早点返城。

现在好了，孩子们隔三岔五，随时回家来吃饭，一张大圆桌还坐不下了。孩子回来时常会带些菜，现在离家200米就有菜市场，想吃什么也随时能买到。"孙子孙女喜欢围着我，洗菜做饭都是儿女们出手，我是越活越精神，越活越轻松了……"说起现在的生活，郭小花很是满足。

四代同堂，儿子、儿媳在县城上班，平时住在一起。小女儿嫁在同村，当年下山盖起了房子。大女儿在义乌，每月15日会回村参加党员活动，儿孙们也会在这一天约定俗成地聚集在一起吃饭。

"现在吃得好，住得好，心情好，身体也好。"孔令福说，他是能吃能喝，每天两顿酒，感谢政府好政策，让他们过上了美好生活。

文 | 胡妙良　卢韵璇　张海峰

曹海军：踏平坎坷出深山 安家县城忙汽修

夏入三伏，一年一度的酷热时节真正开始。

安文街道双溪路42号，五间门店一字排开，黄色的"佳通轮胎"店招在阳光下分外显眼，门店前的空地上停满各式各样的私家车。店内的工位上，员工身穿黄色T恤工服，正忙着更换轮胎、机油……

店主曹海军现年39岁，脸庞被太阳晒得黝黑，额头上隐约有油渍。看着忙碌的员工，他带着幸福的笑容说："高温时节，轮胎更容易损坏，要求更换的车主也多起来，生意更忙了。生意越来越好，日子也越过越红火，这是我20多年前做梦都没有想到的。"

"黄檀无影踪，平象半天空""天无三日晴，地无三尺平"，这是关于仁川镇天马村平象自然村的俚语。平象村是曹海军的老家，海拔近800米，是磐安县最偏远最落后的村落之一。一家四口人挤在一间二层的木结构旧房里，母亲身体不好干不了农活，靠父亲一人土里刨食养活一家人……回忆年少时的艰难生活，曹海军至今记忆犹新。

1996年，曹海军由平象村的天网中心校转到仁川初中读初三。人家坐客车上学，他一直走山路上学，只为了省点车费。平象村到仁川初中驻地柳坡村有20多里，风雨中，他常常一人踽踽独行。因为听多了鬼怪传说，每逢途经半坑凉亭路段时，15岁的他总是心惊肉跳。为省下100多元的住校费，曹海军选择寄住在柳坡村的亲戚家。

1997年6月，初中毕业后，为了让成绩更好的妹妹安心读书，曹海军辍学了。在家务农不是长久之计，父母要求他学做木工、雕花、油漆手艺，曹海军与父母唱起了对台戏，坚持学汽车修理。即使改革开放的春风早已吹遍大江南北，但大山旮旯里的孩子学汽修谈何容易。曹海军好不容易托人在县汽车站找了个汽修学徒的活，包吃，自行解决住宿，但没有工资。他租了南街一五层阁楼的一个笼子般的小房间，交了25元一个

月的房租后,已身无分文。偶然在街上碰到同学,他急忙借了10元钱,才买了床凉席。三伏季节的夜晚,阁楼里酷热难耐,曹海军没有钱买电风扇,只能拿条湿毛巾不停地擦拭身体,挨到后半夜才能入睡。

然而,学汽修之路比他想象的坎坷得多。一个半月之后,他被迫回家务农一个月。在父母的数落中,他怀揣20元钱再次来到县城,找到月山路某轮胎修理部当学徒,付了车费后口袋里只剩下8元钱。一年后,他又无奈地回家干农活、扛木头赚"脚钱"。1999年,他辗转到壶厅路某轮胎修理店当了3个月的修理工,又回家务农。

历尽曲折,饱尝艰辛,2000年7月,19岁的曹海军横下心,央求父亲从信用社贷款1000元,独自一人在仁川镇黄余田村开起汽车修理部。买了一个单炉的煤气灶,他已囊空如洗,向舅舅借来煤气桶,外婆接济米、蔬菜等,勉强维持生计。年纪轻,资历浅,修车门面能撑起来吗?创业之初,这是他必须面对的压力。当时,修理部有时一天赚1元,最多20元,有时1分钱也没得赚,曹海军几个月都没吃过肉。万事开头难,好在他顶过来了。

2005年,诸永高速开工建设,曹海军迎来前所未有的机遇,有幸挖到了人生的"第一桶金"。随着双峰隧道工程的启动,曹海军马上把修理部移到双峰。为抢抓工程车修理的生意,他每个晚上至少起来两次,最多起来修车六次。两年辛苦下来,他考了驾照,买来一辆二手的昌河小货车。2007年,随着新城区的开发建设,曹海军又转场新城区,但受经济不景气因素影响,工程车修理费难以到账,让他再赚一笔的梦想成为泡影。随后,他决定放弃工程车修理,专做轿车快修的生意,把目光投向了县城。

2008年,修理店开在环城北路时入不敷出,曹海军曾经有过放弃的念头。2009年4月,他转战花台山隧道口,从此步入正轨,生意越做越大,挖到人生"第二桶金"。2009年底,曹海军结婚,并先后有了两个女儿。

2014年9月以后,他在双溪路新开佳通轮胎店,专门做快修、汽车美容及装潢、代年检等生意。门店员工增至7人,年营业额达50万元。父母原本在县城当环卫工人,也辞去工作,来门店负责员工伙食等后勤事务。2017年4月,曹海军在月山路买了一个99.2平方米的套间,一家人真正在县城安了家,过上了红红火火的小康生活。

回首往事,曹海军感慨说:"没有党和政府的好政策,就没有我现在的小康生活,我不会忘记二十多年来自己吃的苦,一定更加体贴关心自己的员工,把门店经营好,让大家都过上好日子!"

文｜杨适时

美丽牧场孕育美好生活
——张柳平生态养猪走上致富路

山清水秀，鸟语花香。一幢幢白墙黛瓦的屋舍建在一个海拔600米的山坳里，张柳平经营的省级美丽牧场——山山坞生猪养殖场就坐落在这里。

张柳平，玉山镇张村人，靠着发展规模生态生猪养殖，年收入超过百万元。回首创业路，张柳平感慨良多。

2020年，张柳平43岁，兄弟姐妹三人。因为生他，母亲得了重病，无法正常劳作，家里主要靠父亲务农维持生计。在那个靠天吃饭的年代，他们一家常常吃了上顿没下顿。生活所迫，父亲不得已把年纪最小的张柳平过继到张村的一户人家。即便如此，张柳平的幼年生活还是过得十分清苦。不愿像父辈一样整天守着一亩三分地过苦日子的他，1992年初中毕业后离开家乡外出谋生。这期间，张柳平做过油漆工、泥水工、钢筋工，也跑过货运，开过五金店，日子虽不再像以前那么贫困，可

离富裕始终有段距离。

2012年，不甘于此的张柳平，关闭了在义乌的店铺，将目光投向了政府扶持力度大的现代农业。那一年，他拿出多年积蓄，回到老家张村承包了12亩山地，转行当起了"猪倌"。父母和村里人不理解："养猪和种地都一样，难有好前景。"

但张柳平不这么认为。养殖场创办时，正值全县推动养殖业"上山入园"，要求关停"低小散"、整治"脏乱差"和创建"星级管理"标准化示范场。嗅觉敏锐的他，第一时间察觉到危中有转机：规模化养殖的时机到了。

完成土地流转后，张柳平先期投入400多万元建起2000多平方米的养殖基地，引进首批30只种猪。创业之初，由于缺乏生猪养殖经验和技术，张柳平没少吃苦头。第一次母猪产崽，因为无法准确判断生产时间，他和家人足足在猪圈旁守了一夜，好不容易撑到接生，又因为没经验不得不一边打电话咨询，一边在手忙脚乱中完成接生。

好在经过一次次的积累和一遍遍的摸索，善于钻研的张柳平慢慢掌握了生猪养殖技术，熟悉了市场行情，养殖规模也从30头扩大到如今的1100多头，栏舍扩大至3000多平方米。猪场每年给村民土地流转租金1.5万元。

不仅如此，他还先后投入200多万元在养猪场建起了绿化公园和一套标准化的猪粪猪尿处理设备，让臭气熏天的养猪场摇身一变成了美丽牧场。农场内，小阁楼、休闲长廊和人工池塘等一应俱全，还种植了桂花树、银杏树、日本柳等绿化树种。借助设备实现猪粪、猪尿分离，猪粪烘干后成为有机肥，猪尿通过发酵成为沼气和沼液，沼气用作生活燃料，沼液则通过污水深度处理系统变成清流排出。养猪场看上去就是一个景观别致的农家乐。客人可以在池塘里钓鱼，也可以在公园里休息。

"村民把土地租给我经营，我要还大家一个整洁干净的环境。"张柳平说，猪舍保持干净清洁，大大减少了生猪疫病的发生，让养殖场的收益有了保障。

2020年，生猪价格维持高位，养猪场年收入可达200多万元。"这两年行情好，养猪收益有保障。"近日，一名从岭口村赶来山山坞生猪养殖场的村民，以每头约3000元的价格从猪场买了两头小猪。优良的品质让张柳平的生猪供不应求。

"当农民也是能致富的。"说起自己的成功，张柳平喜悦之情溢于言表。谈及未来，张柳平希望不断把自己的养殖规模做大做强，使单一产业多元化发展，从而带动更多农民致富。

文 | 施委 陈珊

这样的好日子以前想都不敢想
——叶有香办民宿吃上"旅游饭"

时移景易。如今的方前镇下村村,通过几年的建设,原先破旧的土木房不见了,取而代之的是一幢幢小洋楼,原先的栖身之所成为人们向往的宜居之地……这里的人居环境发生了天翻地覆的变化。

在乡下,拥有一幢漂亮的房子是人们孜孜以求的梦想。52岁的叶有香也和村里的大多数人一样通过努力实现了这个梦想。

叶有香娘家岙口村,1993年嫁到下村村。当时的下村村,一眼望去全是破旧的木头房、石头房。叶有香家的石头房子也是出了名的差,由于年久失修,遇上下雨天便会"外面下大雨,家里落小雨"。为了接雨水,家里的盆盆罐罐几乎全用上了,还是无济于事,找不到一处可铺床的干燥地方。"想起来满是心酸。"她说。

婚后,两个女儿先后出生,这让叶有香夫妻更加犯了愁。叶有香心心念念想造房子,无奈当时公婆都已年老,丈夫做木工的收入只能维持家庭基本生活,真要造房子确实是心有余而力不足。

急于改变生活的夫妻俩便走上了出外赚钱的打工之路,这样奋斗了几年,有了一定的积蓄。2010年,村里开始实施旧村改造,听到消息后夫妻俩便迫不及待地报名参加,搭上了旧村改造的第一班车,"终于可以造新房子了。"对于叶有香来说,这无疑是天大的喜事。

2012年,叶有香夫妻开始着手造房子。为了省钱,叶有香每天起早贪黑,除了要负责工人的伙食还要帮忙打下手,抬钢筋、搬砖头、清扫场地,一个女人当成男劳力用。丈夫则白天在外赚钱,歇工后回家还要到屋场再忙一阵子。这样,夫妻俩不辞辛苦,经过一年多的努力,终于在2015年建好了新房子。

2018年上半年,方前镇实施乡村振兴战略,推进美丽庭院建设,镇、村干部挨家挨户上门动员，引导村民发展休闲旅游业。

看着往年美食节有这么多人来下村游玩，叶有香夫妻商议决定办民宿，贷款20余万元购买了空调、床、电视机等必需物品，并按照民宿的风格对房屋进行装修。如今，叶有香家的民宿占地120平方米，3间三层半，共有12个标准房可供游客入住。得益于地理位置优势，叶有香家的民宿推开窗户就能眺望青山绿树、满池荷花、休闲广场……很受游客青睐。

为了提高环境绿化水平，叶有香还对自家庭院进行了重新设计：在水泥地上覆盖泥土层，种上绿植，垒起假山，设置休憩茶座，铺筑鹅卵石路面……

随着民宿的开办，叶有香家多了一份旅游经营收入，日子也日渐红火起来。"这样的好日子以前想都没想到过。前几天预约的一批游客马上要到了，我得去整理客房了。"叶有香掩饰不住心中的喜悦，一边说着一边又开始手脚麻利地忙活开了。

文｜施圭娅

从"行"看变化：深山坦途通山外

2020年7月28日，清晨的阳光洒满群山环抱的方前镇横路头村，一条曲折蜿蜒的水泥路穿村而过。村口矗立着一排贴着大理石面砖的房屋，几辆小轿车整齐地停靠在路旁，三三两两的村民坐在小凳子上，在阴凉处闲叙家长里短。

88岁高龄的村民施祖现早早就起床，望着对面满眼葱茏的山坡，公交车缓缓驶进村来，他心里乐开了花。施祖现一边做赶集的准备工作，一边说："我们村以前不通公路，想到方前买点米啊菜啊都得走二十来里山路。现在路都通到家门口了，我喜欢坐公交车去赶集，政府的政策真是好，老年人不用车钱。我们村赶集的人太多，有时还不一定挤得上车呢！"

横路头村地处磐安、天台、仙居3县交界处，地处偏远，交通闭塞，只有一条隐藏在崇山峻岭间的羊肠小道与外界联通。回忆起那时的光景，村务监督委员会主任施先叶不由眉头紧锁："以前出门不方便，我们购买生活生产物资至少得走上个二十来里路，村里小伙子想要娶个媳妇都难哩！"

1979年冬，当时村里有个叫李相福的小伙子要娶媳妇办酒席。那天，他起了个大早赶到四协乡里挑酒。一担黄酒总重量估计60公斤，挑酒回来路上，李相福觉得又累又饿。在冷水孔岭岭头，他便用担柱挂着扁担，打算歇口气。正当他放松下来的时候，恰巧担挂没有挂稳，李相福连人带酒坛担子瞬间

滑落在地,坛碎后酒洒一地。李相福赶忙起身,看见自己辛辛苦苦挑回来的黄酒就这样洒地上了,他又生气又心疼。闻着阵阵酒香,又渴又饿的他索性端起碎坛子里剩余的黄酒一饮而尽。一番痛快畅饮后,空腹的李相福一会儿便觉得晕头转向,醉倒在路边。幸亏邻近的前门山村村民施方树路过此地,见状把他背回了横路头。

"无路可走,有路难行,苦在山里,穷在路上"是当时横路头村民心中最大的困扰,因而修通公路也成了当时横路头村每个人最大的梦想。但从横路头村到小坑村,要绕过两座大山,越过12道山涧和断崖,凭小村340多口人,想修出一条长17公里的盘山公路谈何容易。面对眼前的大山和断崖,1993年,村党支部发出"即使砸锅卖铁,也要修通公路!"的豪迈誓言,带领村里的党员干部说干就干。1994年,村集体没钱,村干部自掏腰包捐助2000多元,完成道路的勘测设计。1995年,修路的第一声开山炮在冷水孔岭打响。村民有背着才几个月大的孩子上工地的,有连续几天不吃午饭饿着肚子上工地的,有干完农活戴着矿灯开夜工修路的……

1995年10月的一天,施先叶刚刚从安文买炸药回来,在方前村看见施小川等三人抬着一个女人正急匆匆地奔向镇卫生院。他走近一看,发现被抬着的女人是施小川的老婆任宝珠。她已昏迷不醒,额头的伤口

不断流着血,施先叶二话不说上前帮忙,将之转送至县人民医院医治。原来,当时任宝珠正协助丈夫在小坑地段打风钻,突然被对面山里爆破飞溅过来的小石块砸中了右边额头,她当场便晕了过去。经治疗后,61岁的任宝珠右眉上方至今仍旧清晰可见一道长两三厘米的伤疤。

1998年12月22日,历时4年,投资128万元,投工6万多工,填挖土石方60余万方,架设23座桥涵,简易的通村公路终于全线贯通。在通村公路通车典礼上,大大小小的板凳摆满了村头,一队车子在热烈的鞭炮声中缓缓驶进村里,横路头村几代人盼了多少年的"通路梦"终于实现了,全村老老少少脸上都洋溢着灿烂的笑容,共同见证了这一历史性时刻。随后,在县农村康庄公路政策的支持下,横路头及周边村庄相继完成了通村公路的路面硬化;磐安全县在全省26个加快发展县中率先实现村村通,交通变得更加便捷。

"十八九岁时,我还在生产队劳动,为了从大盘挑肥料和粮食回来,我得凌晨3点起床,怀揣玉米饼赶路,饿了就掰一块下来吃,一去一回需要一天时间。"修路期间,施仁财曾任村党支部书记,回忆通路前后的变化,他感慨万千。修通公路后,出门方便了,村民收入也提高了。最明显的变化是,村里小伙子娶媳妇不再难了。

路通后,之前一直娶不上媳妇的村民施栋良马上迎娶了湖北姑娘王彩娇。当年,王彩娇在天台县城打工,经亲戚介绍与施栋良相识,她提出去施栋良的老家看看。坐着公交车来到村里,王彩娇觉得这里风景和空气都不错,交通便捷,随即便答应和施栋良结婚。如今,夫妻俩育有一子一女,在宁波经营着一家小吃店,生意红火。现在,夫妻俩在宁波买了房子和车子,生活幸福美满。

1983年复县之初,磐安是全省五个最贫困的县之一,仅有3条山区四级沙石公路和几条机耕路。复县37年来,磐安县先后建成新过境公路、冷沙线、窈尚线、62省道,以及完成40省道东仙线拓宽改造工程、诸永高速公路等重大交通干线工程,磐新线、42省道、磐永线、怀万线改建等工程;完成了县、乡道沙石路面改造,全县所有行政村均通上了康庄公路。截至2019年,磐安县公路通车里程已达到1240.060公里,其中,国道40.656公里,省道87.608公里,县道331.911公里,乡道288.346公里,村道485.143公里,专用公路6.396公里。从昔日的"肩挑背扛,苦在深山",到如今的"出门就有路,抬脚便上车",磐安大地条条大路通乡村,开启了全面小康之门。

文 | 杨适时 潘乔

青梅尖下现曙光
——农家乐托起陈妙山的小康梦

青梅尖下,公路九曲十八弯,绵延横亘数十里。翻过风门岭头,天山村就坐落在山谷之间。白墙黛瓦,绿树红花,一派盎然生机。小溪清可见底,蜿蜒穿村而去。7月三伏天,村中却是随处凉风拂面。这里年平均气温约20度,要比县城低6度,确是休闲避暑的好去处。

"灶上的锅都是没盖的"

云顶山农家乐老板娘杨小英正在门前翻晒土豆片。"我26岁嫁过来,家里除了一间木结构的老房子,什么家具都没有,连灶上的锅都是没盖的……"杨小英回忆当年的穷日子,依然历历在目。

杨小英丈夫陈妙山年轻时是村里出了名的"日光族"。50岁的他,看着黝黑精干。十多年前的一场车祸,致使他左腿受伤,至今干不了重活。女儿还小,丈夫干不了活,重担压在杨小英一人身上,生活举步维艰。

2015年,在老丈人的劝说和妻子的坚持下,陈妙山咬咬牙,向亲戚朋友借钱造起了两间三层半的房子。

"好客不欺生"

都说一方水土养一方人。但天山村地处偏僻,经济来源少,村中年轻人大都外出打工谋生。近年来,天山村两委抓住机遇,大力培育乡村旅游,"农业+旅游"产业发展进入了快车道。村里修建起景观湖、游步道,村容村貌大为改观,成了远近闻名的十美村、旅游村,吸引了越来越多的游客。

眼看着办农家乐的农户尝到了甜头,陈妙山、杨小英也动了心思。2018年,夫妻俩将自家房子进行了改造装修,当年农家乐正式开张了。

秉承客人至上诚信经营的理念,加上夫妻俩服务贴心周到,游客渐渐多起来。陈妙山的农家乐现有七间客房,留一间自住。每逢旅游旺季,夫妻俩总是安顿客人先住下,两人睡板房、打地铺是常有的事。"客人要紧。自己将就一下就过去了。"杨小英说。

午后,一批义乌客人刚好入住。"天山山好水好人也好,来这就是免费吸氧。"龚爱玲是一名退休干部,这是她的第二次天山之旅。2019年她和兄弟姐妹第一次来天山住了9天,"老板蛮热情,不欺生。以后还要来!"龚阿姨满口夸奖。这次他们8户朋友一

起自驾过来，准备住5天。要不是月底家里有事，原想再多住几天。

受疫情影响，2020年上半年生意惨淡。"天气热了游客就多起来了。客房提前半个月已经预订完了。光这两个月，预计有两三万元收入。"陈妙山掰着手指计算。农家乐生意慢慢好起来，陈妙山变忙了，脸上笑容也多了。最近客人多，忙不过来，杨小英打电话给女儿陈慧娟，让她回家帮忙打理。

19岁的陈慧娟衣着朴素，满脸学生气，说起话来却有着同龄人不一样的成熟。刚结束高考的陈慧娟约上同学在县城摆起了地摊。"都是淘宝进的货，没赚几个钱。但是收获了体验，感受到了赚钱的不易。"山里的娃儿早当家。一进家门，放下行李，陈慧娟就勤快地帮妈妈干起了家务。

下午4点，杨小英又开始忙着做豆腐。"农家盐卤豆腐就是不一样。自家磨的豆浆，闻着都香！"满桌客人一边喝，一边竖起大拇指。

天快黑时，陈妙山骑着三轮车从仙居横溪买菜回来。鱼养在溪边池里，肉类放进冰柜冷冻，蔬菜拎到厨房清洗，一切熟门熟路，有条不紊。村书记羊宝告诉我们，这些年陈妙山的变化确实大。干活勤快了，夫妻也和睦了，来了客人会主动招待，洗菜烧火都抢着干。

靠山吃山。这山是绿水青山，更是金山银山。陈妙山家里码着几大袋的笋干、茶叶、金银花，这都是夫妻俩从山上采挖晒制的。这些看着稀松平常的山货,在山外来客眼里都是原生态、纯绿色的"香饽饽",成为村民增收的一条门路。

"世界那么大,我想去看看"

"土豆片、番薯条是给客人备的小零食,苦麦菜、马兰头、南瓜叶,加农家腊肉翻炒,就是一道美味的健康菜。"正在给客人做饭的杨小英讲起厨活头头是道,干起活来风风火火。

以前,千斤重担一人扛,现在,一副担子三人挑。丈夫变贴心,女儿又懂事,生活有盼头,此时的杨小英身上有着使不完的劲,心里更是灌了蜜一样甜。

2019年,陈妙山的农家乐收入就有两三万元,他还养了8头猪。此外,他还动起脑子,在自家山地移植了两三亩覆盆子。村集体又流转了他家的山地,种植了三亩桃树、八亩油茶,这都给他带来了稳定的收入,年底一下子还了十多万元的债。前段时间,杨小英还专门参加了镇里组织的药膳培训,她说要多学习、多动脑,把磐安药膳端上餐桌,吸引更多的外地客人来天山。

千万个家,万千个小康梦。陈妙山最大的愿望,就是不再借钱,家有存款,有时间到山外的世界去看看。旁边的女儿插了一句:"等我大学毕业工作了,一定带你去!"陈妙山乐得合不拢嘴。

青梅尖巍巍矗立,见证着天山村的前世和今生。昔日面朝黄土背朝天,如今农民变老板,在家就能赚大钱。这样的日子,是陈妙山以前想也不敢想的。农家乐的发展正在悄然改变陈妙山的生活,更赋予了天山人美好的明天。

文 | 陈斌 杨陈丽 陈家豪

从吃看变化
餐桌上见证几代人生活变迁

"吃了吗？"一句简单的问候，不同时期的含义截然不同。在物资匮乏的年代，农民土里刨食、靠天吃饭，吃不吃得饱是个大问题。现如今走在大街上，不仅吃的东西五花八门，吃的方式也变得多种多样。人们的饮食观念从吃饱到吃好，再到吃得健康。餐桌上的变化见证了几代人的生活变迁，也生动折射出改革开放带来的巨大变化。

家常饭里话小康

"以前的日子苦，经常吃不饱饭。"家住安文街道荷塘社区的陈益民出生于1948年，那是百废待兴的年代。

安文因为山多地少，同时缺肥料、少技术，大部分农户起早贪黑依然填不饱肚子。1958年至1962年，中宅村开办了3个公共食堂，每个食堂有200多人搭伙吃着"大锅饭"。回忆起当年的情景，陈益民的语气中带有些许酸涩，"早饭玉米羹、中饭两个菜饼、晚饭也是玉米羹，一人一天分到六七两粮食，哪里吃得饱？"

"玉米羹里就放了一点土豆、咸菜，打菜的师傅长勺一颠，从锅底捞出的土豆不慎掉了回去，等在一旁的小孩就急得哇哇哭……"

往事历历在目。1978年，改革开放的春风吹进山城，一家人的生活条件慢慢好了起来，偶尔还能下个馆子，日子越过越有奔头。

现如今，一双儿女已经成家立业，陈益民夫妻俩过着悠闲自在的退休生活，从前的苦日子让他愈发觉得当下生活的美好。"国家每个月给我们发退休工资，想吃什么就去买什么，现在的生活条件比起以前真是好太多了！"

餐饮行业看变迁

早上6点，大街小巷的早餐摊已经早早就位，热气腾腾的包子，馅料丰富的糯米饭，香气扑鼻的鸡蛋饼……各式各样的传统小吃唤醒了人们沉睡了一晚的味蕾。

"馄饨一碗。"位于北镇街上的殊香馄饨店迎来了新一波的客人，老板厉天良熟练地往翻滚着的热汤里下馄饨。这家店以家庭作坊形式经营，2017年因为安文菜市场迁建搬迁至此，借着重新装修的机会，老板特意在店招上注明了自家店铺的"岁数"——23年。

忆及从前，店里的食客陈志成不禁感叹："过去哪有钱下馆子呀。"20世纪50—80年代，物资供应紧张，米面油都要凭票凭证供应。改革开放后，市场经济开始萌芽，早餐店、炒菜店、拉面店如雨后春笋般林立街头，下馆子才逐渐成为一种趋势。

进入21世纪，多元化餐饮陆续涌入磐安，西餐、日料、海鲜、火锅、自助餐等一应俱全。"叮咚，你有新的外卖订单，请及时处理。"时值中午，这家专营三明治、沙拉等轻食的小店里只有三两个顾客，但手机里不时响起的提示音说明店里的生意并不冷清，店主陈娟娟告诉记者："现在年轻人越来越习惯于点外卖，我们店平均一天要送七八十趟。"

养生药膳食健康

"最近工作辛苦了,全家都喝点人参鸡汤补一补。"安文街道荷塘社区的傅月萍把最后一道菜端上桌,张罗着一家人开饭。傅月萍51岁,从幼时的缺衣少食到如今的衣食丰足,几十年来的巨大变化同样让她感慨良多:"现在生活条件好了,大家越来越注重养生,吃的东西也越来越讲究了!"

磐安县是中国药材之乡,以道地药材为佐料的磐安药膳,满足了越来越多市民和游客的健康饮食需求。走进磐安的酒店、饭店、农家乐,基本都能吃到药膳小吃,特别是老字号饭店湖滨酒楼,主打菜品已经转向高品质的养生药膳:黄精猪蹄、浙贝百合泥、羊蹄甲鱼冻……一道道色香味俱全、营养丰富的特色菜肴吸引了八方游客。老板娘胡萍笑着说道:"现在上海、温州等地的游客到磐安来,肯定要到我这里吃上一顿道地的磐安药膳。"

从顿顿不离玉米番薯,到如今遍尝各地美食;从凭票购买粮油米面,到现在手机下单送餐上门……餐桌上的变化反映了人们生活质量的不断提升,也见证着磐安县脱贫致富奔小康的发展历程。

文 | 胡妙良 陈静 陈家豪

从农村夜生活看变化：村民跳起广场舞

盛夏，夜幕降临，华灯初上，啾啾唧唧……乡野的草丛树林里，昆虫们开始鼓噪起来，开起了属于它们的"音乐会"。小盘村远教广场，已经播放起了动听的舞曲，爱好广场舞的村民从四面八方涌来，不一会儿就聚集了30多人，开始了富有乡村韵味的夜生活。

"妹娃要过河呀，金呀银呀锁，是哪个来推推她撒，金呀银呀锁……"大家站好队伍，伴着《新龙船调》曲目音乐，在富有节奏的乐曲声中尽情舒展肢体，用欢快的舞步表达对生活的热爱。

村民孔彩云是一名广场舞"发烧友"，她每天晚上都要与好姐妹们一起跳舞。为了方便跳广场舞，姐妹们还建立了微信群，便于互相联络。广场舞这一喜闻乐见的舞蹈形式已经融入村民的日常生活中，成为农村的一项群众性文化活动。

孔彩云对广场舞的喜爱由来已久。20多年前，孔彩云在县城盘龙广场看到有人跳广场舞，觉得非常新潮，便喜欢上了这项运动。那时的农村，夜生活单调，几乎没有人跳广场舞。为了过把瘾，孔彩云每到县城都会到盘龙广场，合着舞曲节拍边学边跳，觉得非常开心。

多年的练习，让孔彩云学会了很多种广场舞，佳木斯、健身操、八段锦都是她拿手好戏。早年，孔彩云曾经加入大盘广场舞队，外出参赛，还获了奖。给孔彩云带来荣誉的同时，广场舞还给孔彩云带来了健康。孔彩云因长期带孩子患上肩周炎，手臂疼得抬不起来，她坚持跳广场舞，一段时间后，肩周炎在不知不觉间好转了，手臂抬升也正常了。从此以后，孔彩云对广场舞更加着迷了，只要天气晴好，她每天都会坚持跳上一个小时。

孔彩云59岁，娘家在盘峰乡榉溪村，25岁时嫁到小盘村。婚后，孔彩云与丈夫过着传统的农耕生活，两亩多的土地上种有水稻、白术、玉米、红薯等农作物，家里还养着几头猪。白天，孔彩云在田间地头耕作管理，晚上喂猪、做家务，一天下来，人很辛苦，根本没有闲暇时间。"那时的小盘村夜生活单调，大家早出晚归忙着干农活，人累得像散了架似的，既没有跳广场舞的地方，也没有这份心情放松。"她说。

如今，生活条件越来越好，村民才有了更多的夜生活。近年来，政府引导小盘村发展共享农屋，由村里统一管理，村民务工务农的同时还能收取闲置房屋的租金。

小盘村共享农屋从最初的1家发展到了现在的30多家，2018年接待游客7000余人次，村民增收150余万元；2019年接待游客9000余人次，村民增收170余万元。

孔彩云把家里的5个房间拿出来，从事共享农屋经营，仅这一项，一年的收入就达到2万元。收入越来越高，家境越来越好，农民们有了更多的时间和精力追求精神文化生活。

村民李红艳是小盘村广场舞"管家"，每晚6时30分就准时到达广场，打开电脑和音响设备，为村民和游客播放广场舞音乐。为了满足不同需求，李红艳在电脑中收录了近80首广场舞曲目。

广场舞成为游客与村民联系的桥梁，最多的时候有60多人一起跳，其中不少是外地的游客。60岁的东阳游客王连芳到小盘避暑，已经住了半个月，晚间，她从共享农屋中出来散步，看到众人跳起激情洋溢的广场舞，就情不自禁地加入和大家跳成一片。"小盘村民很热情、人很好，和她们一起跳广场舞很愉快。"她说。

老人在广场周边纳凉，小孩在一旁玩耍，村民、游客在休闲广场跳广场舞，好一派怡然自乐的乡村夜生活场景。可在6年前，小盘村却还没有跳广场舞的场地。为了满足群众需求，村里建起了远教广场，铺浇了塑胶地面，而且还设置了电子大屏。

从最初忙于生计缺乏夜生活，到后来打扑克、麻将，再到现在健康文明的广场舞……小盘村的夜生活变化折射出农村群众追求精神文化生活的新风貌。一支支广场舞，跳出了心中欢笑，跳出了生活美好，铺陈出一幅美丽和谐、充满生机的农村小康画卷。

文 | 施委　邵汉诚　卢韵璇　张海峰

从穿着看变化:"黑灰蓝"到"五颜六色"

每天上午8点,曹爱玲都会准时打开自己的裁缝店门。营业时间里,尽管街上人流如梭,但进店的顾客寥寥无几,进来的,大多也是熟人。对于这样的情景,曹爱玲早已习惯,"如今生活水平提高了,老百姓对时尚的追求更高,年轻人喜欢直接买成衣穿,裁缝店的生意也就淡了下来"。

50岁的曹爱玲进入裁缝行业已有30余年,从裁缝学徒到裁缝店主,从衣服款式黑灰蓝到多姿多彩,从生意红红火火到清淡,曹爱玲手中流淌过的,是衣橱里的芬芳年华,是老百姓小康路上翻天覆地的变化。

"以前要说哪个行业最受欢迎,那裁缝肯定是其中之一。"回忆起自己几十年的亲身经历,曹爱玲感慨万千。20世纪90年代,手握剪刀、脚踩缝纫机的裁缝是技术含量相当高的行当。能掌握这样一门手艺,就意味着可以养家糊口,衣食无忧。"当时也没地方找工作,除了务农,就是学门手艺。"曹爱玲坦言,为了找份生计,她开始跟师傅学做裁缝。由于她为人勤快又很好学,靠着一台缝纫机、一把剪刀、一把尺子、一块划粉和一个熨斗,穿针引线,不到一年,就顺利出师。

1993年,出师后的曹爱玲在县城老电影院旁租了店面,开起了裁缝铺。由于当时几乎没有什么成品衣服,家家户户穿的都是用缝纫机做出来的,所以生意特别好,尤

其是年前和六月初八这两个日子,定做一套衣服,客人往往都要等上十天半月。曹爱玲回忆,那时人们对于衣服的样式并没有太多要求,颜色大多都是黑灰蓝,哪懂得什么是时尚,做衣服的标准就是合身、牢固、耐脏。

20世纪90年代末,随着经济社会的发展,时尚的潮流涌入磐安大地,人们开始注重衣着,注意衣服与裤子、鞋袜的颜色搭配等细节,追求时尚、个性化逐渐成为人们着装的主要特点。"那时候常常有顾客拿着杂志上的图片过来定制衣服,街上的成品服装店也渐渐开了出来,衣服款式颜色越来越'潮'……"为了紧跟时代潮流,曹爱玲学会了西装、双排扣、八片裙等新款式的加工技艺。

在曹爱玲看来,那时着装上最大的变化在于不再局限黑、灰、蓝"制服",而是流行什么穿什么,喇叭裤、蝙蝠衫风靡一时。最早,时髦的定义是有一条喇叭裤,再后来,时髦的代名词就是港裤、蝙蝠衫、燕尾服……踩脚式健美裤也流行了一段时间,凡是女生,不管体型胖瘦,总有那么几条。

进入21世纪后,曹爱玲的裁缝店逐渐落寞,随之而来的是满大街的成衣店。当人们行走在县城中街、南街,沿街可以看到各个品牌的时装店、专卖店,每家店的橱窗都夺人眼球,衣服款式更是千人千款。"还有网购的不断普及,人们和最新流行款之间只隔着一块显示屏,手指轻轻一点,最潮流的衣服隔天就能'飞'到身边,老百姓自然不再买布匹做衣服,只是花钱买衣服了。"曹爱玲说,由于生意不好做,2013年到2014年,几名在裁缝店里干了多年的伙计陆续辞职另谋生计去了,而店铺也不得不跟着时代转变,成了少部分市民的"专属定制"。

岁月匆匆,30年弹指一挥间。今朝与往日的一番对比后,曹爱玲坦言,以前裁缝做衣服简单,男女老少款式基本一样,现在裁缝难做,不仅款式要新颖,面料还要高档,做起衣服来也就更复杂了,如果不是亲历这一切,很难相信这些转变。

不过在她看来,这一系列的变化是喜人的,"这不正说明老百姓的生活越过越好了吗?这是时代的进步,是老一辈人小康路上幸福的回忆。"脚踩缝纫机的曹爱玲真情自然流露,眼神中有对裁缝行业落寞的不舍,但更多的是对美好小康生活的向往。

文 | 潘辉

从通信方式看变化
从"摇把子"到5G智能手机

走进康达电器商行,美的、海尔等品牌电器琳琅满目。但最醒目的当属手机专柜,所处位置好、摆设讲究,可以看出商家对这块业务的重视程度。这也非常合理和自然,手机如今可以说是人手必备的掌上工具。但对商行负责人傅杨勇来说,无疑比常人又有更深一层的认识,因为他是从与手机"打交道"中走出了一条不平凡的人生路。

1989年,傅杨勇在墨林中心校读初中。他家在东川村,离学校有七八公里路程,平时住校,每周回家一次。"那时候的通信工具是摇把式电话机,在乡政府门口的小卖部,全乡就这么一台。"

一次,傅杨勇在学校摔伤了脚,不得不打电话通知家里人。"小卖部门口总是门庭若市,但多数是排队等着打电话的。"当他一瘸一拐准备到队尾排队的时候,店主见他还是个学生,就破例让他插了一次队。傅杨勇摇通了电话,听到话筒对面传来"喂喂喂"的通话声后留下口信,等了半个多小时,才等来父亲的回复电话。落后的通信方式,让傅杨勇深感无奈,同时也期盼着能有更便捷快速的通信方式。

如傅杨勇所愿,1993年,他在城区读高中,见到了更便捷的程控电话,而且就在学校门房,但又望而却

步。"话费太贵了！"一星期只有两元生活费的傅杨勇，着实打不起一分钟要五毛钱话费的程控电话，"有时候村里有人到县城，我们就会托人带话，或者写信回家。"

1996年，傅杨勇高中毕业，家里要求他学一门手艺，他不假思索来到县城，学习电话机维修技术。"修电话机是个技术活，会的人不多，肯定很吃香。"在程控电话还未普及、"大哥大"刚刚上市的年代，傅杨勇找准了自己的目标。

"'大哥大'拆机费就要600元，更换电池要1200元。"傅杨勇说，有的顾客不愿承担手机高昂的维修费，就打算卖掉，脑子灵光的傅杨勇瞅准二手"大哥大"市场，就耗费半年工资把顾客不要的手机进行回收，维修、翻新后转手卖出去，一次能从中获利1500多元。凭着手艺，他积累起人生的第一桶金。

1999年，傅杨勇学艺出师，在中街开起了属于自己的店面——康达通信维修部。凭着精湛的技艺，一年可以盈利四五万元。

2000年，黑白屏数字手机上市，傅杨勇准确把握风向拓宽业务，维修部多了一个柜台，上面陈列有诺基亚、摩托罗拉、爱立信等牌子的手机，深受消费者喜爱。之后，从黑白屏到彩屏，从功能机到智能机，手机更新换代进入高速发展的"快车道"。

通信工具的变化折射出时代变迁，体现了人民群众生活的变化和经济的飞速发展。20年来，傅杨勇几易店名，从最初的康达通信维修部，到康达通信器材经营部，再到康达天翼手机卖场，最后到如今的康达电器商行，经营范围也由维修到卖手机，最后扩大到各类电器。

傅杨勇是通信方式变化的见证者，也是通信产业的经营者，"康达"的年营业额从几万元增长到1000多万元。"进入21世纪后，手机更新换代很快，功能越来越齐全，从最早的打电话、发短信到现在的上网、拍照、看电影，短短十几年，网络也已从1G发展到了5G，并且逐步实现小型化、便携化、智能化。"说起移动手机的发展，傅杨勇深有感触。

面对未来，傅杨勇把目光投向了短视频传播，等条件成熟后将开启线上直播，把商品销售到更远的地方。

文｜卢明 金雨莹

从支付方式看变化
以往"豆子换豆腐" 如今手机"扫一扫"

"粮票"是老一辈人不能忘却的记忆。从凭票购物到现金支付、刷卡结算,再到移动支付,短短几十年,人们的购物方式、支付方式发生了颠覆性的变化。一张张蓝色、绿色的二维码悄然摆上了商家的柜台、挂上了摊贩的摊子,扫码支付渐成时尚,二维码走进了大街小巷、千家万户。

"支付宝到账5元""微信到账2元"……9月9日一大早,位于北街十字弄路口的豆腐摊前,人来人往、络绎不绝,摊主方玉升一刻不停地忙着给顾客切豆腐、过称、装袋打包,有时顾客着急,不想下车,他还要小跑几步将豆腐送到客人的车上。

豆腐摊其实就是一辆简易的脚踏三轮车,座位后支着的杆子上挂着打包豆腐用的袋子和一个收款二维码,二维码下是一个小喇叭,每当有进账,都会有提醒。大部分客人都是喊一声要多少钱的豆腐,就掏出手机对着二维码扫一扫,拎上袋子就能走人,整个过程快速而有序。

"最开始还是有挺多人拿豆子来换豆腐的,后来大概是种黄豆的人少了,大部分人

就拿现金来买了。"方玉升回忆，以前在农村，每当有卖豆腐的摊贩拉着一车豆腐到村子里转悠，每家每户就会用碗、盆、篮子盛着自家种的豆子去换，后来收入水平慢慢提高，买豆腐也从"用豆换"转向了现金支付。

从现金支付转向扫码支付大概在2018年，具体的时间，方玉升已经想不起来了，就记得那段时间，越来越多的顾客在付钱时问他"能不能用手机付？"方玉升的儿媳妇知道后，第一时间为他申请、制作了收款码。"一开始我没有支付宝，用的就是儿子、儿媳妇的，现在我自己换了智能手机，儿媳妇就帮我换成了自己的码。"方玉升说，扫码付款不仅方便了顾客，更方便了自己，"以前也曾收到过百元假币，现在大部分人都用手机支付，我也不用担心会收到假币了。"

"以前出门买豆腐还要特意带几个硬币，现在多方便，带着手机就好了。"59岁的单阿姨住在北镇街，是光顾豆腐摊多年的"老客户"了，她说，每天来买点豆腐已经成了生活习惯。

方玉升是仁川镇百杖新村人，66岁，豆腐摊开张之初的摊主其实是妻子胡发兰。2013年，为方便带孙子，胡发兰离开了上班的企业，向师傅学做盐卤豆腐。开始时只有她一个人制作售卖。随着年纪增大，方玉升吃不消干木工活，胡发兰就让他给自己打下手。

夫妻俩的豆腐加工点就在城区的食品小作坊集中加工区。两人每天凌晨1点左右就要开始做豆腐，做好后，兵分两路，妻子骑着电动三轮车去壶厅路，方玉升脚蹬三轮车驻守在北街十字弄口。因为专注做盐卤豆腐，几年下来，夫妻俩各自有了一大批忠实客户。豆腐从开始的每天卖一两板到现在已经上升到了十七八板，每年能有十余万元的收入。

"以前在老家盖的三间楼房，有两间盖到一半停工了，现在卖豆腐赚了钱，也想把它加盖上去。"方玉升笑眯眯地和妻子畅想着未来。

豆腐，作为家常菜，每天都出现在千家万户的餐桌上。一个小小豆腐摊，为客人们提供了美味，也为方玉升一家带来了经济收入，让他们在花甲之年仍不停止奔小康的步伐。从豆子换豆腐到手机扫一扫，小小的豆腐摊有着这几十年人们支付方式变化的缩影，而支付方式的变化也见证着时代的变迁。

文｜叶江垚

朱华庆：安置房圆了"幸福梦"

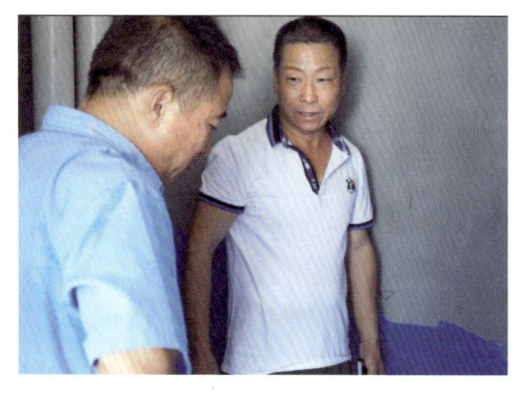

走进外滩华府小区，鳞次栉比的高楼、整洁的小区环境、全新的基础设施、专业的物业服务，让人仿佛置身一线大都市。

拆迁安置户朱华庆的新家就在这里。2020年9月11日，他的新家开始铺地砖，"快的话，一个月就能全部装修好。"朱华庆的言语间流露出住新房的喜悦和对新生活的期待。

朱华庆56岁，是安文街道南园社区元岭坑自然村人。2009年，为了方便妻子上班和女儿上学，他在县府东侧购置了一套63平方米的二手房。孩子长大后，房子显得局促，小区的配套设施也越来越旧，换新房的念头渐渐萌生，一直在等待时机。

2017年3月26日，磐安县老城区改造和杭温高铁征迁誓师大会在二中操场举行。万人握拳宣誓、战旗迎风猎猎，"我们向全县人民立下誓言，把旧城改造和杭温高铁征迁的重任扛在肩上，坚决打赢这场前所未有的征迁战！"作为誓师大会围观群众之一，朱华庆把这句话记在了心里。他知道，机会来了。

他毫不犹豫地在拆迁协议书上签名，选择安置在外滩华府小区，"我们要开始新的生活了。"一家人在旧房前合影留念。

房子拆除后，一家人搬回了元岭坑老家居住。离县城远了，生活也不方便了。但朱华庆总是隔三岔五地到文溪边走走，看着东溪街南地块上的楼房盖了一层又一层，他安心了许多。

2020年8月中旬，朱华庆接到通知，东溪街南区块将举行第二批次公寓房集中抽签选房安置，"等了3年，终于能拿到新房啦。"按照协议，朱华庆安置的是两室一厅一厨一卫90平方米的中间套房屋。抽签前一天晚上，他特地和在杭州上班的女儿通了电话，希望第二天手气爆棚，选到心仪的楼层。"3幢10楼！恭喜朱先生。"朱华庆成了第一个拿到钥匙的拆迁安置户。

除了居住条件发生翻天覆地的变化，让朱华庆倍感欣慰的还有齐全的社区配套。外滩华府物业负责人介绍，小区配套了大型停车场、居家养老中心、快递收发室、儿童乐园、健身房等设施，各大出入口都有专人值守。等到入住的人多了之后，小区里还会组织开展各种趣味活动、文艺演出等。

"决策正确，政策惠民。"朱华庆直言，要不是旧城改造，自己一辈子也想不到会住进这样高档的小区。站在视野辽阔的新房阳台上，朱华庆满脸笑容，新生活将从这里开启。

文｜杨莹萍

从顺口溜看变化：告别落后 奔向小康

从"民亦劳止，汔可小康"的理想，到"山陵既固，中夏小康"的目标，我们一直都在向往、追求小康生活。社会上广泛传播的顺口溜是人民群众在长期生产生活中的真实反映和写照，生动记录着奔小康路上不同时期发自内心的向往和追求。

"马上就要种植莴笋了，现在都是机械化作业，不用再像以前靠人力时刚翻完地就要赶着播种，为的是不错过农时。"走进双溪乡史姆村小春蔬菜基地，负责人卢人法看着一个月前分畦机刚翻耕完的20多亩土地，心里充满感慨。

"点灯不用油，耕田不用牛。"曾经是20世纪70年代人们对幸福生活的向往。54岁的卢人法，从13岁开始下地帮家里干农活，早早学会了使用耕作工具。在生产力落后的年代，他们一家6口人，五个半劳动力，耕作5亩旱地和2亩水田要耗费半个多月时

间。"那个落后年代,人们面朝黄土背朝天,大部分时间都窝在地里了。"

2010年,卢人法建起了蔬菜基地,他花了近3万元,一下子购买了4台微耕机。这种半自动化的机器,5天时间就能把基地内200多亩土地翻耕个遍。2017年,他又花费近20万元购买了履带自越旋耕机、全自动蔬菜移栽机、起垄覆膜一体机、全自动喷雾器等自动化机械,只要一按遥控器,一天就能完成翻地、栽种、杀虫等耕作。"按照以前人力劳作方式,200亩地不知道要耕作到什么时候。"从几个人守着一亩三分地还要愁吃愁穿,到几台机器可以耕种上百亩土地,卢人法真切感受到了"耕田不用牛"的巨大科技变革。

农业机械化,加速了经济社会发展,推进了小康进程,百姓的物质生活日渐富足,娱乐生活日渐丰富。

72岁的卢樟凤到县城与儿子一起生活,闲暇时候逛街购物、晚上看看广场舞已成为她的生活常态,这样的美好生活是她年轻时想都不敢想的。

20世纪60年代,卢樟凤从新渥街道双槐村到东阳堂姐家做客,一路上除了农田就是重重山林,景色千篇一律,好不容易到了当时比较热闹的东阳城里游玩,但卢樟凤大失所望。"那时候城里和农村差不多,没有什么可以娱乐的,更别说逛街了。"东阳是这样,何况落后的安文城区。

90年代,卢樟凤来到安文城区,她看到了城区的一些变化。"最热闹的就是现在的三棵树公园。"小商铺、杂货店让卢樟凤找到了城区与农村的不同,但"弯弯曲曲一条街,一支香烟走出头"和"只有一幢三层楼,不见几尺水泥地",让她的新鲜劲很快就过去了。

2004年,卢樟凤到城区帮儿子带小孩,再一次进城的她确实感受到了安文城区翻天覆地的变化。曾经的农田变成了高楼大厦，小商铺、杂货店转身成了服装店、大卖场……月山路、新兴街等一条条街道串起了这个城市繁荣的景象，"现在生活好了呀，吃有油，穿有绸，住有楼，每天逛街不重样，小康生活乐滋滋。"乐享晚年生活的卢樟凤脸上洋溢着幸福笑容。

街道越走越宽敞、越逛越繁华，生活越奔越向好、越过越有劲。小康生活带来的变化实实在在，涉及的领域方方面面，也包括新一代幼儿的文娱生活上。

"小皮球，香蕉梨，马兰开花二十一，二五六，二五七，二八二九三十一……"窈川小学操场，回荡着流行在20世纪跳皮筋时耳熟能详的顺口溜。校长陈杰是"70后"，看到孩子们玩耍时露出的天真笑容，他仿佛看到了自己孩时模样。"那时娱乐方式比较简单，就地取材，捡一块石头、一根绳子、一张报纸，能玩一天。"他感慨与父辈孩时相比自己已算是幸运的一代，"以前听父亲说，他很小就开始干农活，只有在放牛的时候才得空忙里偷闲，到溪边捉鱼摸虾。"

"现在的孩子是幸福的一代。"陈杰告诉记者，生活条件好了，越来越多家长希望孩子能玩得健康，玩得科学。如今，那些传统的、就地取材的玩具在窈川小学得到了延续和发扬。该校是跳绳特色学校，一根简单的绳子被学校挖掘到极致，胯下跳、双摇跳等30余种跳法在孩子们的脚下"绳"采飞扬。此外，计算机、乐高积木等新型玩具极大丰富了孩子们的文娱生活。

小康不小康，关键看老乡。如今，小康生活已化作点滴融入人们的生产、生活、娱乐当中，那种真真切切的幸福感、获得感、满足感，正如道情非遗传承人杨良福自编自排的《如今甜蜜奔小康》所唱的：七十年前黄连苦，如今甜蜜奔小康……耕田不用牛，点灯不用油，楼上楼下电灯电话，驶上社会主义快车道……

文｜卢明

圆梦有你

全面小康不是一蹴而就的。"决战决胜"的历史当口，即将实现中华民族"百年梦想"的圆梦时刻，我们不但要眺望前方，还要回望来路，向磐安历史上无数的"铺路石"致敬。磐安县融媒体中心重磅推出《决战决胜高水平全面建成小康社会》系列主题报道，专门开辟《决胜小康 圆梦有你》栏目，生动再现磐安县小康路上具有引领性、典型性的代表人物，挖掘其奋斗事迹，讴歌典型人物的历史贡献，激发全县上下决战决胜的战斗豪情，助力全面小康建设。

陈承职
"领头雁"开农改先河
"好把式"三获省劳模

1951年2月,磐安大地春寒料峭,新中国成立初期的深泽乡涌动着不同寻常的改革发展生机。在大伙的热烈欢呼声中,全县第一个互助组——陈承职互助组在深一村成立。该互助组有农户10户,耕牛2头,领头人陈承职年仅26岁,开启了磐安县农业社会主义改造的先河。

同年,磐安县贯彻党中央关于"团结互助,解决困难"的方针,共计建立互助组111个。正因为牵头成立全县第一个互助组,1951年,陈承职被评为磐安县劳动模范。在表彰大会上,他平生第一次身披大红花上台领奖,从县里领回一头大黄牛。

陈承职生于1924年10月,深泽一村人,出身穷苦。6岁时,家中惨遭火灾,母亲被迫改嫁,他只能以茅棚为家,过着饥寒交迫的日子。14岁开始挑盐、做长工、卖苦力,直到新中国成立。含辛茹苦的生活磨炼出坚韧的意志与强壮的体魄,20多岁的陈

承职身高175厘米，在那个年代的农村已是大高个。他经常挑着三四百斤货物，翻山越岭，健步如飞。在做长工的岁月里，他练就了一身本领。从水田到旱地，从粮食到中药材，从"犁、耙、耕、耖"到"栽、锄、治、收"……脑子好使、喜爱钻研、上手快的陈承职，干起农活出类拔萃，是闻名十里八乡的"好把式"。

1952年春，县委、县政府落实中共中央《关于农业互助合作的决议》，按照"自愿互利、等价交换、民主管理"原则，确定深泽陈承职等4个互助组为典型示范组。通过培训骨干、评选劳模等活动，引导农民组织起来开展互助合作。互助组以"劳动换工、评工记分、工资找补、收益兑现"的形式，发挥组织优越性，促进农业生产。

1952年冬，以陈承职互助组为基础，磐安县创办了全县第一个初级农业生产合作社，即深泽第一农业生产合作社。合作社实行统一经营，凸显了比互助组更显著的优越性。1953年秋，在互助组的基础上开始建立初级

农业生产合作社。1954年冬，经中共金华地委批准，陈承职领衔的深泽一村初级农业生产合作社转为高级农业生产合作社（简称高级社），入社农户达110户，成为磐安县第一个高级社。

1953年，陈承职被评为1952年度浙江省劳动模范，获奖大水牛一头、喷雾器一台、现金20元、"卫生衣"一件，并光荣地出席"华东劳模大会"，成就了他人生的高光时刻。从旧社会的饥寒交迫，到翻身解放做主人，开创磐安县农业社会主义改造的历史。载誉归来、万众瞩目……对陈承职来说，这好像是一场梦，他几乎不敢相信这是真的。凝视着牛圈里的水牛，他赶忙上山割来新鲜草料喂养它。忆苦思甜，抚摸着眼前的水牛，他爱不释手，激动得好多天没睡好觉。

此后，陈承职再接再厉，义无反顾地投身社会主义建设，为解决群众温饱乃至过上小康生活而不懈奋斗。陈承职先后荣获三个年度（1952年、1954年、1957年）省劳动

模范称号,六次被评为县级劳动模范,并担任过多届省人民代表、县人大常委会委员,村长(新中国成立初期)、农会主任、初级社社长(书记)、公社副书记、大队党支部书记等职务。

1958年12月,深泽高级社社员收入分配方案公布到户,93.3%的农户增加了收入,社员们敲锣打鼓进行了庆祝。相比1957年,765亩早稻平均亩产增加了71斤,增产54315斤……玉米种植面积增加232亩,增产54300多斤……白术、元胡、芍药种植增收40150元……深泽高级社迎来一个喜人的丰收年。

俗话说,"浪一浪去一丈,俩铜板凑一双"。作为领头人,陈承职身先士卒,全力贯彻"勤俭办社、民主办社"的方针,精打细算修理旧祠堂当作办公室,为集体省下1880元;厉行节约,压缩社务开支至只占全社年度总收入的0.44%。针对农业生产严重缺肥的问题,陈承职在个别小队试点基础上,克服干部的畏难情绪,力排众议在全社40个小队推广农家肥收集工作,有效缓解了缺肥问题。

"村看村,户看户,群众看干部"。1958年正月的一天,寒风刺骨,深泽的池塘里结了一层薄冰。天寒地冻,暂时干不了其他农活,陈承职便安排各生产队挖泥积肥。寒冷的清晨,池塘的岸边,皑皑白霜在阳光中闪着晶莹的光芒。众多社员在岸边一字排开,看着池水就不禁打寒颤。大家都怕冷,不太情愿下水挖淤泥。此时,陈承职二话不说,推开人群,手脚

麻利地脱下棉衣，卷起裤脚，毫不犹豫地迈入刺骨的冰水中，甩开膀子挖起淤泥与茅草。之前，陈承职组织社员从山上割来茅草，投放到池塘里腐化制作有机肥。社员们见状不约而同地说："社长都下水了，他不怕冷，我们哪能怕冷！"于是，大家纷纷下水挖泥，半天时间就完成一天的积肥任务。

同年夏天，洪水肆虐，眼看30多亩玉米田可能被洪水淹没。冒着肆虐的雨水，陈承职带领30多个青壮社员赶赴田头抢筑防水围堰。通过数小时抢险，成功砌成一米高的石头围堰，保住了玉米田。

1962年深秋，深泽人民大会堂刚刚落成不久，便迎来史无前例的"大阵仗"——"磐安黄籽"高产示范总结推广大会。86岁的陈承义是新渥街道深泽社区的居民，他曾经作为磐安农业生产的先进人物与陈承职两次到杭州开会。据陈承义回忆，当时的这个高产示范总结推广大会是他见过的规模最大的会议，县（时属东阳县）、公社（乡）、村（大队）、生产队干部近2000人参加会议。会期三天，第一天是参观深泽昌头畈田玉米高产示范畈，第二天是经验交流与典型发言，第三天是分组讨论。主会场放在深泽人民大会堂，边上深三村的晒谷场摆满了多个大饭蒸，专门为与会人员做饭。场面宏大，引得村民成群结队地前来围观。会上，陈承职作为深泽公社代表上台作"磐安黄籽"高产示范的主题发言。

深泽是磐安黄籽玉米品种的发祥地，该玉米品种具有秸秆矮、光照足、防风耐旱，不秃顶、蒲头饱满、籽粒紧密、成熟早、产量高、味道好等特点。当时，深泽公社经过长期实践摸索，总结出一套系统、成熟、规范的磐安黄籽种植管理技术规程。其他地区玉米亩产在400斤左右，深泽的磐安黄籽亩产700~800斤。作为田玉米高产示范畈，深泽昌头畈磐安黄籽的亩产更是高达1000斤，号称"千斤亩"，在当时名噪一时，轰动四方。

高产示范总结推广大会后，1963年7月，金华专署在深泽公社召开农业生产现场会，大力推广磐安黄籽栽培技术，金华地区各县（市）200多人到现场观摩学习。现场会后，深泽公社接到金华专署指派的新任务——组织19名农民技术员到金华、武义、永康、义乌、江山、衢县、兰溪、开化、常山等地传授磐安黄籽栽培技术。

1985年1月8日，为小康建设奋斗一生的陈承职因病与世长辞。回忆起父亲，67岁的陈忠信眼角不由瞬间湿润：父亲是一名好党员，一生艰辛劳碌，为解决群众温饱问题、助推小康建设奉献自己的一切，当群众的日子好起来了，61岁的他早早地走了……

陈忠信说，他十几岁就开始推独轮车、开拖拉机运货，鲜有时间与父亲一起从事农业劳动。父亲总是公私分明，从不与家人分享或商议公事，陈忠信脑海里几乎没有他如何大抓粮食生产的记忆。在他印象中，父亲总是天蒙蒙亮就起床，先到村里转一圈叫干部起床，安排好一天的活，再回家吃早饭，然后天黑才回家。几乎一年到头如此，没得空闲。

陈忠信隐约记得，20世纪70年代末，父亲跑到舟山考察洽谈后，回村办了一家制作特种竹签的村办企业，每年能为村集体创收3万~4万元。管理企业，父亲也是六亲不认，不怕得罪人，员工一旦吊儿郎当马上开除。对于私占私藏村农科队财产的村干部，父亲也不护短，果断处置，赢得群众的赞誉。只要对群众有利的事，父亲总会秉持公心，千方百计做好。

最后，陈忠信动情地说："在乡镇干部岗位上退休7年后，我终于有幸能见证全面建成小康社会的历史时刻，这是他的夙愿，相信父亲在天之灵也会高兴的！"

文 | 杨适时　图 | 陈兆贤

叶贤庭
践行"大寨精神" 小康开路标兵

斯人已逝,大山无言,村民赞誉。

外井坑的山,高大连绵,那里有他开荒植树时洒下的汗滴;外井坑的水,清波如镜,曾经留下他辛劳的身影;外井坑的人,勤劳善良,茶余饭后传颂他开田垦地和新农村改造的壮举。他叫叶贤庭,方前镇施家庄村外井坑自然村人,曾担任外井坑村党支部书记30多年。如今,虽然已去世22年,但在老百姓的心中,他是永远的好书记。

1925年,叶贤庭呱呱坠地,他是家中四个孩子中唯一的男娃。父母希望他有才有德,光耀门楣,所以取名贤庭。叶贤庭不负众望,读书名列前茅,写得一手好字,急公好义,乐于助人。外井坑村地处偏远,但凡有人得了急病,叶贤庭总是第一个冲上去,帮助抬到十公里外的四协公社治疗。

1949年，24岁的叶贤庭光荣入党。由于有文化，1950年，叶贤庭被招进四协公社工作。为了减轻父母生计压力，一年后叶贤庭辞职回村务农，并担任村党支部书记。

外井坑村是磐安、天台、仙居三县交界地，离方前镇13公里。当时，外井坑村（大队）有10户人家38人，只有10亩水田8亩旱地，人均耕地极少。加之旱地贫瘠，庄稼收成很差，村民吃不饱，常常挖野菜充饥。新中国成立前，全村有9人外出当长工，2人外出讨饭，多名孩子在外当牧童。

面对吃不饱、穿不暖的现状，向荒山要效益，向河滩要田地，让村民不愁温饱成了村支书的第一要务。叶贤庭几年如一日，带领村民开垦荒山。本村仅有的那点荒山眼看就要开完了，他寻思良久，想出"借地增粮"的主意：与其他村协议，帮助外村开垦荒山，开出的山地先由外井坑人无偿种两年，两年后归还给相关村。他先后向五个村借过荒山，最远的涉及十公里外的外田石村。一山又一山地开荒，叶贤庭带领大家开出上千亩山地，除了种粮，他还种树。有些村民有意见：地要还人家，你干吗还种树？叶贤庭耐心解释，我们不能只知道索取，种树是为了保持水土，这个百年大计不能丢。

20世纪60年代，"农业学大寨"风靡全国，这与叶贤庭开田造地的"第一要务"不谋而合。在叶贤庭的号召下，只有15名正劳力的外井坑村改滩造田干得热火朝天。劳力不够，就半劳力上、小孩子上。62岁的叶良茂记得非常清楚，当时他只有8岁，一放学他就往改田的溪滩跑，开心地帮助父母捡石头，比他大一点的哥哥姐姐作为半劳力还要挑石头。有些怀孕的妇女也来帮忙，直到临盆前夕才罢休。年轻的母亲

背着孩子来到河滩,在地上铺上破衣服,让孩子爬着玩耍,自己就去挑泥了。白天不够,黑夜凑。75岁的叶良兴是叶贤庭的儿子,当时他是队里的会计,负责算账与记工分,对队里的出工情况一清二楚。主要干部带头干,月亮当太阳,火把当汽灯,外井坑人向黑夜要白天。有时候,大伙儿晚上11点才歇工,睡两三个小时后又摸黑到河滩干活。几年来,许多人连续多年在改田中过大年。叶贤庭的孙子说,他的童年就是在改田中度过的。叶贤庭一家4口正劳力全上阵,是村里投入人力最多的农户。在他的带领下,4名服刑回来的村民干活非常积极,一天都没落下。在改田造地中,叶贤庭边琢磨边干活,充分发挥群众智慧,提高劳动效率。砌坎没有石头,村民用火烧悬崖再"剖石"的土办法来开采,成功开采出上千吨石头,砌成的田坎总长2公里。外井坑的山体上,至今留有深深的沟壑,那是战天斗地的历史见证。后来,叶贤庭冒着生命危险学会"放炮"技术,老百姓自制土炸药,加快造田步伐。没有泥土,村民就上山挖,一趟又一趟,村民挑来十几万担泥土。由于使用太频繁,他们的畚箕几乎半个月就要更换。84岁的叶贤步时任大队长,是做箕好手。他白天干活,晚上编畚箕,多年下来,为改田造地提供2000多双畚箕。没有泥工,村民自己学着当泥瓦匠。上百斤的石头要抱上高高的田坎,叶贤庭、叶贤步的衣服两三天就被磨破了,妻子来不及补,两人就赤膊上阵,上身被烈日晒得多处脱皮。许多人磨出了水泡,出现血肿,但还是不管不顾继续干。冬天,冷水刺骨,砌坎的人赤

脚下水,在水中砌石,冻僵了就稍微活动一下继续赶工。

"立下愚公移山志,誓叫荒滩变良田"。四年苦干,外井坑投工6000多工,平均每个正劳力或半劳力投工400工,每年近40%的时间投入造田。在那悬崖峭壁之下,在那荆棘丛生、大石嶙峋的溪滩里,外井坑人硬是造出5块田、12亩土地,人均耕地排名一下子从四协公社末位跃升至前茅。从此,村民告别饥荒,走向了温饱。后来几年,尽管遭遇旱涝、蝗虫等灾害,但外井坑村的粮食产量仍然连年增产,结束了粮食不能自给的历史。

曾几何时,外井坑成为全县"农业学大寨"的一面旗帜。1968年,叶贤庭受邀到山西大寨村考察,得到了"农民副总理"陈永贵的接见和表扬。1969年,叶贤庭到东阳参加活学活用毛泽东思想积极分子大会,他的交流发言赢得雷鸣般掌声。1971年,上级奖励外井坑村一台拖拉机,上千人来村参观学习。外井坑村在四协公社率先告别牛耕时代,拖拉机的轰鸣声响彻山村,一时羡煞了外村人。同年,叶贤庭被评为省劳模。1975年,外井坑被评为省级学大寨"英雄大队"。

在解决温饱的同时,叶贤庭紧接着谋划改善村民居住条件。1963年,外井坑15户人家都"蜗居"在一个狭小的四合院内。当时,有的农户1.2米宽的床要睡三四人。房屋二楼的层高只有1.4米，成人都要弯腰走路，一不小心头就会碰到横梁。叶贤庭动员村民拆房，在全公社率先开展全拆全建型旧房改造。1964年，一个全新的新村建成。22年后，外井坑人口增加到13户55人，房子又显得拥挤了。于是，叶贤庭领着村民开展农房扩建，让家家户户再建新房。村庄面积由此扩大了两倍，户均房子从1.5间增加到了3间，最多的农户有八九间，村民由此告别起居拥挤的生活，外井坑成为公社里改善群众住房的标兵。

人们对美好生活的向往永远不会停步。当山外亮起电灯，外井坑人也渴望多彩的夜生活，渴望孩子不用长途跋涉10公里到外村读书。叶贤庭想群众之所想，1970年，他联合横路头、上山头、石研等7个村，花了3年时间建造了小型水电站，让7个村告别了煤油灯时代，点亮了生活。1975年，叶贤庭带领大家建造了二层的大会堂，一楼用于开会、做戏、放电影等，二楼办起村校。从此，孩子可以在家门口读小学与初中。

叶贤庭抓经济也是一把好手。造房子砖瓦哪里来？为了节约开支，他带领村民办起了砖瓦厂，村里建房的砖瓦都由集体提供。搞建设的资金哪里来？叶贤庭又带领大家在村内和村外办起多个炼油厂，炼出的油产销两旺。1967年炼油3个月，收入1100余元，1968年增收上万元。这不仅解决了基本建设资金匮乏问题，而且增加了社员收入。

在村（大队）党支部书记任上，叶贤庭一干就是30多年。20世纪80年代，由于被猎枪误伤，他的身体每况愈下，于是主动让贤，把村庄发展的重担托付给年轻人。1998年，叶贤庭因病去世。至今，村民还感怀他一心为公、为民服务的事迹。叶贤庭家分到的田地是全村最差的，儿子左眼因公受伤，接近全瞎，他没多报过一分钱。村民永远感念他战天斗地、带领群众脱贫致富奔小康的点点滴滴……

百年小康梦，前仆后继功。多年来，外井坑人继承叶贤庭的遗志，践行"大寨精神"，三次拓宽通村道路，持续推进新农村改造，与兄弟村共同开发旅游，外井坑的小康路越走越宽……

文｜卢樟海

孔令琴
红旗村支书 手把手带村民致富

竹笔筒、竹秋千、竹沙发、竹茶几……走进盘峰乡榉溪村老支书孔令琴的家，只见竹制品琳琅满目。有的已经上了"年岁"，有的则是新近的作品，每件竹制品从选材制作到上色美化，手工、绘画、写字，都出自孔令琴之手。早在20世纪八九十年代，他正是凭借这门自学成才的手艺，带领一批榉溪人向小康生活大步迈进。

回首一生，孔令琴难忘7年军人生涯，其中9个多月在援越抗美战场上出生入死。退伍回村后，他担任村干部整整18年，其中12年任村党支部书记，一心扑在村庄发展事业上，带着村民开荒山、建林场、办竹器加工点。优秀共产党员、农村富民书记、优秀村干部……一本本荣誉证书被老人妥帖地珍藏着，见证

了他当年"全县村干部的一面红旗"的光荣历史，记录着他带领村民脱贫致富的点点滴滴……

孔令琴出生于1940年，从小由年迈的祖父母抚养长大。在那个衣食无着的战乱年代，两位老人带着他艰难度日，饱尝了人间的辛酸苦辣。

"四九年，阳光出，我上学，全免费……"81岁老人在打油诗中回顾他的童年。1949年新中国成立后，一切开始向阳而生。祖父母一分钱、五分钱地为孔令琴攒书费，国家免了他的学费。"感谢共产党，给我带来了新生活。"老人说起这事儿，难掩激动之情，言语间满是感恩。在村校短暂的三年学习生涯，为孔令琴养成良好的自学习惯埋下种子，在他的从军从业生涯中生根发芽，渐渐长成参天大树。

"当村干部就要为大家办事，要带动群众致富。"这是孔令琴1983年被推选为村党支部书记时的就职宣言，他是这么说，也是这么做的。

1968年，孔令琴退伍，因家中房子未造好，他在盘峰乡后阁村丈母娘家一住就是三年。1971年，孔令琴夫妇终于住回榉溪村。因有7年从军的光荣履历，加上根正苗红的出身成分，一回到村，他就开始担任村干部。其时，榉溪村虽四面环山，但大多是荒山。孔令琴认为，靠山吃山是榉溪村当时的唯一出路。为了增加村集体收入，让村民过上更好的生活，村里决定开荒山、建林场。

俗话说，人心齐，泰山移。为了让村民心往一处想、劲往一处使，孔令琴和村两委干部挨家挨户说服村民，积极参与栽树、栽竹。孔令琴感慨："那时，我们村干部真的很团结，上下一心，才能做成事儿。"当时，榉溪村留有集体统管山4676亩，先后创办乌里坑和长仰坑两个村

级林场，10年间平均每年造林150亩，还建设了竹笋两用林基地近500亩。村办林场为榉溪村集体带来源源不断的收入。1995年，榉溪村村办林场林木积蓄量增至3000立方米以上，每年林木采伐收入可达6万余元，出售毛竹可收入2万~3万元。

通过积累，村集体经济一年年壮大起来。20世纪90年代中期，村里先后安装了自来水和地面卫星接收站，架设了高压电，建造了8座石拱桥，还建起了全县一流的农村影剧院和村校校舍，80多万元建设资金全部由村集体开支。村里每年还拿出部分资金资助老年协会、退伍军人、有功人员家属和孤寡老人。

有付出才能有收获，在孔令琴手写的记事本里，老旧发黄的纸上写得满满当当，详细记录着他担任村干部18年间个人和集体获得的省、市、县级荣誉，其中个人荣誉26项，村集体荣誉30多项，每一项荣誉的背后都饱含着创业故事。

"只要全村还有一户贫困户，我就要带他一起富。"小康不小康，关键看老乡。村集体的资金有了，村民的口袋也要鼓起来。

20世纪90年代初的榉溪村,在盘山区乃至磐安县都堪称是"标杆村"。短短几年间,榉溪人富了。当时,榉溪村有368户、1160人,1994年人均收入接近2000元,比10年前增加了近20倍,在全县名列前茅。村里人都说,这离不开村支书孔令琴,是他带领全村村民走上小康路。

榉溪村是个山多耕地少的山村,村内拥有丰富的竹木资源。孔令琴通过自学和不断摸索,掌握了一手出色的竹木器加工手艺,80年代初就在村里办起第一家家庭竹器加工厂,年收入达四五千元,成了当时村里的"首富"。

孔令琴时时挂念村里的贫困户。他想,如果村民都能利用好村里的竹木资源,像自己一样有技术,做竹器加工,不就能早日脱贫致富了么?说干就干,孔令琴放下自家活计,开始在村里走门串户,劝说、发动村民做竹器加工。

孔令琴在家里义务办起了免费的竹器加工培训班,利用晚上时间,手把手教村民竹编技术。短短一年时间,他教会30多个学生。一传十、十传百,村民们掌握了技术,纷纷自行加工创收。榉溪村300多户人家有200多人从事竹木制品加工,办起一大批户办、联办的竹器加工厂。他们把竹子加工成竹签、架子片、水果筐销往东阳、义乌等地,把过去只能当柴烧的竹梢加工成扫把,远销北方各省。90年代初,全村每年光竹木加工一项总收入就有30多万元,户均近千元,榉溪村成了磐安县第一个竹制品专业村。

随着农村改革开放政策的不断落地,榉溪村的致富门路从单一的竹木加工向"种、养、加"多元化发展。村里利用有利的地理环境,发动村民种植香菇。1993年,全村种植香菇75万袋,收入120万元;1994年增加到80万袋,收入150万元。这又成为村里脱贫致富的一条重要渠道。

"我爸因为感恩党给予的幸福生活,所以他坚定地拥护党,看到抹黑党的情况就会严词斥责,敬畏党的纪律,他对我们的教育也是这样。"儿子孔开红说道。

孔令琴因当过兵,一身傲骨,性格耿直,处事公正,说话也是直来直去。他为集体付出的艰苦努力,村民们看在眼里,记在心上。不过,为了集体利益,孔令琴"得罪"过不少人,但他从来不曾放在心上,不计得失,默默付出。

开展竹器加工培训期间,村内有一村民想跟他学手艺,却因曾偷砍树木,被村里罚过款,与他有过争吵,不好意思开口求教。孔令琴知道后,主动上门传授技术,连续20多个晚上对他进行"一对一"教学。学成后,这村民不仅还清了债务,还造起了新房。

1988年,孔令琴光荣出席省第八次党代会,不想村里却出现风言风语:"世上哪有只顾别人不顾自己的好人?他还不是为了出风头!"家里人听了气得直抹泪,劝孔令琴别管闲事了,管好自己家得了。孔令琴却说:"是人民和政府帮我过上了好日子,我有责任扶困难群众一把。这种'闲事'我不是管多了,而是管得还不够!"就是怀着这样的信念,在村里竹制品销路不畅时,孔令琴依然殚精竭虑、四处奔走,创办竹胶合板厂。他家房子本不宽裕,还专门为此腾出一间房,免费提供材料……为村民们寻找新的致富路。

孔令琴把精力都投入到集体事业上,榉溪村村民一个个富了起来,而孔令琴自家的经济收入排名却步步后退。即使从村里的"首富"降到了中下等位次,孔令琴仍说:"只要全村人都富起来,我就是成为全村最穷的也高兴。"

如今,孔令琴已至耄耋之年,每日在家中练字、写诗,或做做小件的竹制品,遇见不公平的事儿,仍有着"路见不平,拔刀相助"侠义之气,要出面调停。孔令琴的家就在孔氏家庙正对面,每天望着家庙里游客进进出出,家庙后山上竹林郁郁葱葱,老人说:"年纪大了,没办法再尽心、出力为村里做事了,但村里越来越好,我感到非常欣慰。"

文 | 叶江垚

曹兰招
承包荒山四千亩 绿化造林至百岁

大暑刚过,中午时分的太阳特别毒辣。72岁的曹兰招身穿一件蓝灰色短袖,脚穿一双防滑的胶底布鞋,肩扛锄头、腰别柴刀,不顾烈日当头,站在大湾林场的高处,眺望这片凝聚着他大半辈子心血的山林,不由感慨万千。

"现在,我一般一个月来两次,每次住上两三天,每个山头都要走一走。"闲聊间,曹兰招指着眼前的山林说,"你现在能看到的树木,都是几十年前种下的。"顺着曹兰招的手望去,群山苍翠,茫茫林海尽收眼底。山风阵阵,无尽的绿叶飒飒作响,犹如像曹兰招这样的拓荒者饱含深情的讲述,诉说多年来为之拼搏奋斗、艰苦付出的燃

情岁月。

　　36年前，这个叫大湾的地方还是一个满眼荒芜的穷山沟。"以前，我们这里的人都是靠天吃饭，靠田地勉强维持温饱。"曹兰招回忆道，山脚下是开垦出来的农田，为了避免山间杂草滋长，每年村民们都会进行烧荒。"烧过的山光秃秃的，一下雨，荒山上的泥土就被冲刷下来，一片狼藉。"

　　荒山是如何变绿的？复县之初的磐安，全县上下沐浴着改革开放的春风。1984年春，仁川乡积极响应上级号召，决定建设万亩林业基地，将万亩荒山承包到户，但动员会接连开了三天居然没人响应。当年，仁川乡洋庄村的曹兰招是小有名气的篾匠，凭着一门手艺活勤劳致富，成为远近闻名的"万元户"。他听说林业基地的事后，盘算了许久，最后下了决心，给时任县委书记吕世棠写了一封信，提出承包荒山的申请。曹兰招的想法得到县委县政府的充分肯定与大力支持。

　　万事开头难，曹兰招提出承包荒山后，一旁犹豫观望的村民随之心动了起来。曹兰招让大家先挑，剩下最偏、最贫瘠、最难开垦、没人愿意承包的荒山留给自己，最终他承包了3560亩荒山，成为全乡乃至全县最大的荒山承包户。1984年4月，曹兰招与5个相关村签订承包合同，此时植树的黄金季节已过。他来不及进一步研究分析承包合同的细节，当天晚上就匆匆赶回村里，连夜动员98个劳动力，第二天就火急火燎地带人上山开工了。经过5天的突击抢工，他与大伙一起完成造林500亩。

　　刚刚入夏，曹兰招就在山间搭起了147个可以临时居住的茅棚。

随后，他又在仁川乡和相邻的东阳、仙居、缙云等地招工，带着一支360多人的开荒大军再次进山。

大湾的这处荒山毗邻磐安县的最高峰青梅尖，平均海拔将近1200米。上山的道路非常险峻，要爬8500余步石阶，被当地村民戏称为"老鼠梯"。上山下山都很不方便，吃的用的、树苗、化肥都靠肩膀挑上去。因为高海拔，天气变化无常，干活的人常常会遭遇恶劣天气。冬天，他们在野外烧饭，送到手的饭时常会结冰；下雨天，有时只能站在雨里吃饭……就这样，曹兰招和民工们硬是用锄头一锄锄地开出了3000亩山地，还有10公里的人行道，8公里的防火线。曹兰招自己一年就用坏了四五把锄头。

1985年春节，曹兰招顾不上拜年，也无暇看戏，忙着调运苗木。大年初三，他就带领民工上山植树。当天晚上，曹兰招拄着拐杖，走5公里多的山路，深夜赶回家里，连夜给刚运来的苗木分级、沾肥打浆。连续三天三夜，他都干到凌晨2点多。天蒙蒙亮，他又冒着严寒上了山。山间本无路，是曹兰招带着工友们一步一步走出来的。承包荒山经营管理也没有可借鉴的路，曹兰招只能凭着一腔热血摸石头过河。"当时村里很多人都在骂我是傻子，有钱用在荒山上。"说起往事，村里人的不理解让曹兰招皱起了眉头，无暇辩解的他只能全身心投入到开荒造林中。四年后，一枚金光闪闪的"五一劳动奖章"为曹兰招的选择及努力作出了最肯定的回答。

1989年10月1日,北京天安门广场上繁花似锦,五星红旗高高飘扬,城楼上国宾云集。曹兰招作为磐安县史上第一位全国劳动模范,应邀赴北京参加新中国成立40周年国庆观礼。这一天无疑是他人生中最荣光的时刻,让他铭记终生。上台领奖时,时任国务院总理李鹏给他颁奖。握手时,李鹏总理注意到曹兰招满是老茧的手,问他从事什么职业。得知曹兰招从事林业工作后,李鹏总理连说了三声"好!好!好!"这一声声"好"落在曹兰招的心坎上,让他更坚定地走好开荒造林之路。

这一坚持就是几十年,如今,山头绿了,曹兰招却老了,但奔波在山间的他依旧健步如飞,脚力不减当年。曹兰招引领大家行走在绵延群山中,大家很难跟上他的脚步,他的背影不一会儿就隐匿在山林间。望着一片片树林,他充满深情地说:"我和山林打了大半辈子交道,在我眼里,这些树木就像我的孩子一样。"从曹兰招的眼睛里,仿佛还能看到那段激情燃烧的岁月。年过七旬的他,还在发挥余热,如同自己亲手栽植的那一棵棵松树,顽强地扎根在大山深处,心中的信念丝毫未减。

曹兰招的家中现在还保存着20世纪80年代植树造林时的照片。照片里，男男女女扛着锄头，在满地碎石的荒山上排队前进。原本照片上光秃秃的山岭，现在早已绿树成荫。植树造林改变的不只是山坡的颜色，还有人们的观念。曹兰招坦言，承包荒山、植树造林给大家新的启迪，村民不再拘泥于种田维系生活，而是选择走出去，到外面发展。

洋庄村村民张定云85岁，现在跟着儿子定居福建，每逢节假日回家都要来曹兰招家中拉拉家常，经常念叨："如果没有你带的好头，现在我们可能还是走不出一亩三分地……"最初，张定云一家靠着几亩田地维系着温饱，之后一家四口都来到曹兰招的林场打工。一天三元钱的工资，日积月累让他们攒齐了造新房子的钱，也让张定云的儿子有了外出打工创业的念头。如今，他儿子的公司在福建小有名气，他们一家也成了村里的能人。

青山绿水召唤着一代又一代的人，村民们的生态意识有了进步："生态好了，日子才能好""绝不能在山上乱丢垃圾""谁要是破坏生态，大家都会制止"……满眼的绿色，以及这"地球之肺"带来清新湿润的空气，不仅让人心情舒畅，还为未来积存更多的财富。

如今，磐安县有了更厚实的"家底"来规划造林：经济林和生态林间种，让绿色产出更多的经济效益。"就拿我自己家来说，我们种了葡萄、猕猴桃，还套种了一些中药材。"曹兰招说，如今，林场山脚下，山林间的土地有了更大的用途，希望能创造出更大的经济价值。

曹兰招的三个子女都在外创业，过年时每人都会孝敬他一些钱，然而他把这些养老钱又投到了山上。曹兰招带着玩笑的口吻说："最近的500亩荒山是2016年承包的，承包期40年，到期我就104岁了，我就准备种树到104岁。"

而今，千千万万棵小树苗已长成参天大树，曹兰招已头发花白，但他的脚步不停，坚持以青山为笔，以绿水为墨，努力为全面小康增添成色。

文｜应伊佩

王国浩
旧村改造拓荒人 一腔心血付春秋

盛夏时节，走进尖山镇里光洋村，一幢幢农家楼房矗立在青山绿水间，整洁宽敞的水泥路连接着家家户户。一盏盏太阳能路灯照亮了村子的角角落落，村广场、小公园、休闲游步道等公共设施齐全……这里的新农村建设成就令人眼前一亮。很难想象，这个美丽的村庄，在二十多年前还是一个远近闻名的"脏乱差"村。

"道路比以前好走了，环境比以前干净了，大家都住上舒适的新房了……"说起村里的可喜变化，村民们总有说不完的话，让他们心里念念不忘的是村里的老支书王国浩。

1960年，王国浩从部队退役回家，担任村支委兼民兵连长。1981年，当选村党支部书记。正当他满腔热情地准备大干一场时，却被现实泼了一盆冷水。在那个生产落后、生活贫穷的年代，为了生计，村民们长期上山乱砍滥伐，四周的山都变成了光秃秃的"和尚头"；村民们养鸭成风，清澈的小溪变成了臭水沟。在王国浩看来，如果长此以往，村庄必将"有山无柴烧、有溪无水喝"，村民生活出现危机，村庄更无发展前景。

怎么办？王国浩看在眼里、急在心上，深思熟虑后，他断然提出封山育林之举，并力排众议，主动请缨，担任护林组长开始巡山。

"封山令"发出后，不少村民都不当回事，以为就是一阵风，过去就没事了。为此，常常有人私自上山砍柴。这其中有一位就是王国浩的弟弟。众怒难犯，但又要止住砍柴风，王国浩就逮准机会拿弟弟开刀。弟弟原以为大哥会顾及亲情，从轻处理，没想到等来的是王国浩的大义灭亲。按照村规，违规上山砍柴者要向全村每家每户分半斤米、半斤酒、半斤肉、半斤豆腐。家境贫寒的弟弟哪堪重罚，但王国浩铁了心要把山管住，不顾弟弟的百般求情，硬是罚了他570元钱。这一决定，让家人对王国浩不近人情的做法颇有微词。但王国浩深知，如果此时徇私情、讲情面，乱砍滥伐之风将难以遏制，甚至愈演愈烈，影响工作大局。

对弟弟如此，王国浩对家人要求更严。有一天，年仅9岁的大女儿出于好玩，跟着村里一群小伙伴上山去耙松毛。当女儿满载松毛高高兴兴地往家赶时，被父亲撞见，王国浩怒斥她不遵守封山规定，一把夺过篮子把它甩得老远，还给了女儿一记重重的耳光。这一场景，女儿至今仍记忆深刻，但也理解了父亲当时的苦心和不易。

"鸭患"治理之路同样困难重重。当时的里光洋村，家家户户都养了鸭子，不少村民还是养鸭大户，养鸭是村民们的一项主要收入来源。

禁鸭无疑是断了村民们的财路，大家自然不肯，阻力很大。王国浩顶住压力，铁腕治理鸭患。在村民大会上，王国浩带头表态："鸭患要禁，先从我弟弟禁起。"王国浩的一位弟弟是养鸭大户，得知弟弟第二天照常将鸭子放了出去，他二话不说，直接带领村干部抓了弟弟的50多只鸭子。折腾一个下午，50多只鸭子全被闷死。弟弟全然没想到哥哥会如此"狠心"，从此兄弟反目，弟弟再也不肯叫王国浩一声"哥哥"。

正因为王国浩刚正不阿、公正无私,才赢得村民们的信任和认可。慢慢地,村里封住了山、禁住了鸭子,山峦变绿了,溪水变清了,村民们喝上了干净水,有了烧不完的柴。

村庄环境一天天变好了,可王国浩还是高兴不起来,村民们依旧过着穷苦的生活,过着紧巴巴的日子。每当看到村里破旧的房屋和泥泞的小路,王国浩心里就不是滋味。

里光洋村是尖山镇的一个大村。当时,全村有近240户700多人口,大家挤在一个狭小的山坳里,自1981年以后就没有审批过屋基。已经十多年没造过一间房子的里光洋人渴望早日实施旧村改造,许多年轻人正等着新房娶媳妇。

"当时村里的路坑坑洼洼、高低不平,走路都不好走,更不要说是骑自行车、摩托车了。"村里上了年纪的老人回想起过去的生活,不禁感慨万千。老人们说,当时的里光洋村路差,村民住的房子更差。

"全村都是木结构房子,因长时间风吹日晒,基本上的农房都有漏风漏雨的情况。"村民吴伟大介绍道,当时每家每户的房子都很小,最多只有两层,人均住房面积不超过15平方米。

实施旧村改造迫在眉睫,1994年初,王国浩召集全村人召开村民大会,当众宣布实施旧村改造的想法。场下顿时炸开了锅,大家七嘴八舌地议论起来:"造新房子成本太高了,钱从哪里来""要拆掉老房子,我们住哪里去""房子拆掉后,屋基怎么排"……在许多村民们看来,要将一个村的旧房子全部拆掉重建谈何容易,认为王国浩是在说"大话"。

面对村民们的质疑声,王国浩明白,要消除大家的顾虑只能靠实干。对于旧村改造,王国浩也有自己的打算:不仅要实打实地改,而且还要一步到位,房屋间距要拉大至10米。

为了统一村民思想,王国浩挨家挨户上门做工作,向每一位村民讲解旧村改造的好处和必要性。经过一次次的劝说动员,村民们的思想观念开始转变,旧村改造工作最终得到了大家的认可。

1995年下半年,王国浩与村两委一班人决定启动旧村改造,里光洋成了当时磐安县第一个大规模实施旧村改造的村。"村里老房子全部拆除并在原址上进行规划重建,同时在原来的基础上,我们村庄面积扩大了一倍。"现任里光洋村党支部书记王黎明是王国浩的侄子,他说,

村里对老区和新区都进行了规划，所有房子前后间距达到10米，而在当时，其他多数村庄的房屋前后间距只有四五米。

10米的房屋间距，土地哪里来？村庄四周都是良田，造了房子哪里种粮食？土地平衡问题又接踵而至。"那就开山造田"，王国浩再给自己加码，一件件地干了起来，还建起了全县第一条水泥路。"在20世纪90年代，我们里光洋村就达到了家家户户都通车的水平。"王黎明自豪地说。

新房子造起来了，道路宽敞了，头脑活络的村民开始寻找"致富经"。20世纪80年代，塑料产业在尖山镇开始兴起。原先村里五六户做塑料生意的农户，不再受限于场地，逐步扩大生产。旧村改造后，家家户户的住房面积变大了，在自家经营塑料生意的村民渐渐多了起来，收入也越来越多，大家的生活过得一天比一天甜蜜。

河道防洪堤、环村公路、220亩经济林、100亩新开田……王国浩担任村支书20多年，一件件好事、一桩桩实事落地有声，让山乡巨变，让村民们提前走进了新农村，过上了好日子。

村庄美了，村民富了，村风好了，可王国浩却倒下了。2003年11

月，王国浩突发脑出血，倒在了防洪堤建设工地上。病倒后，他再也没有康复，一年两次的复发折磨得他身心俱疲。王国浩大女儿告诉大家，父亲第一次病倒，昏迷了四天四夜，醒过来时根本无法说话，他比画着问的第一件事是"村里的防洪堤建设怎么样了"。治疗期间，王国浩还懊恼自己身体不争气，"没有把村里的事情做好就病倒了"。

这就是忘我工作、舍小家为大家的王国浩，家里的事从来不过问，却一刻也闲不住为村民操心。妻子张华卿回忆，旧村改造那几年，她几乎看不到丈夫的身影，甚至连话都搭不上。"早上四五点钟出去，晚上半夜才回家。"王国浩似乎忘记了自己还办有一个锁厂，十天半月才到厂里去看上一眼。等一期旧村改造结束，王国浩的锁厂也关门了，留给他的是70多万元银行债务。

王国浩带着遗憾和眷恋，带着未竟的事业和心愿，被迫提前离开他为之奋斗43年的村干部工作岗位，但他的心还留在村里。省人大代表、省劳动模范、省级优秀共产党员、市劳动模范、感动磐安人物……一项项荣誉是对他工作最好的肯定。

2012年，王国浩病逝。虽然逝者已矣，但他的事迹将永远留在村民心中。

文 | 陈家豪

赵富平
脱贫致富"领头雁" 茶苗经营父子兵

磐安县赵界茶叶专业合作社，位于尖山镇赵界村，是磐安县规模最大的茶苗培育与批发基地。赵界村茶苗种植面积达100余亩，年销售3000余万株，茶苗远销山东、河南、贵州等7个省。该合作社的创办者正是磐安县茶苗经营第一人——赵富平。他从事茶业30多年，从名不见经传的茶农到茶苗培育专家，再成立合作社，一路辛苦一路歌，山里茶农走出了一条靠山吃山的致富路。

赵富平47岁，他与茶叶的渊源还得从父亲赵德炉开始说起。20世纪70年代，赵德炉到义乌从事小商品买卖，由于缺乏经验，加上人生地不熟，不仅没赚到钱，还亏了3万多元。权衡之下，赵德炉又回到老家谋发展。

回村后，善于思考的赵德炉发现，玉山台地盛产茶叶，而茶叶一直以来是山里人主要的增收途径，于是他瞄准商机，挖山垦地，大面积种植茶叶。当时，磐安县种植的茶叶均为老品种"翠峰"。为了扩大种植面积，赵德炉用茶籽播种，短短几年就达到50亩。大面积的茶叶种植引起了县农业局的关注，相关技术员多次下乡指导，为赵德炉提

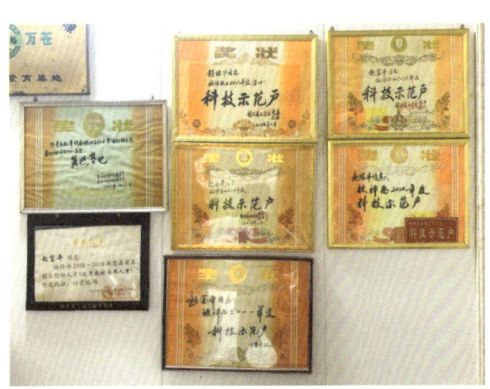

供技术保障。

　　1989年，磐安县开始推广"迎霜"茶种，按进价几分钱一株的价格发动农户种植。但当时大多数茶农思想陈旧，不为所动，唯独赵德炉毫不犹豫买下3000株迎霜茶苗。3年后，到了采摘期，迎霜的优势凸现，新茶不仅供不应求，收益也比翠峰高出数倍。尝到甜头后，赵德炉开始捕捉新品种茶叶的巨大商机，逐渐转换发展思路。

　　俗话说，"穷人的孩子早当家"。一直致力创业的赵德炉虽说算不上穷，但由于持续投资，周期较长，时常手头拮据。年少的赵富平深感父亲不易，15岁中学毕业后，就帮父亲种茶育苗。"我从小就有一个梦想，长大后要当一名茶商。"赵富平笑着说。

　　子承父业得其真传，青出于蓝而胜于蓝。虽然，在培育、销售茶苗的路上，赵富平吃了不少苦头，但终归在父亲的基础上前进了一大步，开始扦插培育茶苗，抢占商机。说起儿子，赵德炉满面自豪："我儿子朋友遍天下。"在县有关部门的牵线下，赵富平经常参加茶叶研讨会、交流会、展销会等活动，结识了省内外众多茶叶专家，并得到他们的技术指导，赵界茶苗再上新台阶。

　　茶叶种好了，如何开拓市场，又是一个新挑战。赵界茶苗从最开始在本地小范围销售，到逐渐销售到外地的过程不是一蹴而就的。有一年，一位茶商向赵富平订购茶苗，约定第二年以1万元的价格收购茶苗，可到了第二年，茶商反悔了，只肯支付2000元茶苗钱。眼见连本钱都收不回来，赵富平痛下决心，不卖了，自己去市场上销售。当年冬天，赵富平冒着严寒，骑着摩托车，到仙居、东阳等周边县市

推销茶苗,其中的艰辛可想而知。风里来雨里去,常常为了赶时间顾不上吃饭,为找一个人而三顾茅庐。皇天不负有心人,在赵富平努力下,当年的茶苗销售一空,这让他信心倍增。2009年,在专家的介绍下,赵富平把茶苗销售到了贵州省。这一年,赵富平卖出400多万株茶苗,赵界茶苗开始走向全国。

为了进一步做大茶苗产业,带领村民共同致富,赵富平成立了磐安县赵界茶叶专业合作社,多次邀请时任浙江大学茶叶系博士生导师刘祖生前来基地指导。此外,赵富平还请杭州市西湖区农业局龙井茶专家唐学文作为基地顾问。经过几年发展,茶苗效益达到每亩2万多元。2013年,赵富平在专业人士的指导下,在基地里繁育新品种"中黄1号",亩均产值达到16万元,大大增加了收益。

"我们基地出产的茶苗深受顾客喜爱,我不仅在栽种上技术创新,而且每年我都会回收村民榨油剩下的菜籽油饼,碾碎了施到茶苗地里,这些纯天然无公害的有机肥,加上村里的好山好水,不出好茶苗都难。"提起自家的宝贝茶苗,赵富平信心满满。

赵富平父子坚持30多年,终于走出一条致富路,激发出全村茶农培育茶苗的热情,不少周边县市茶农也纷纷来到赵富平的茶苗基地学习培育技术。村民们每年产出的茶苗,赵富平都会统一收购,统一拿到市场上销售,免去茶农找不到销售渠道的困扰,带领全村人共同走上脱贫致富快车道。

"老赵人特别好,不仅勤劳朴实,有商业头脑,还总是热情地帮助我们。"只要提起赵富平,村民们都纷纷竖起大拇指。

如今,走进赵富平的茶苗基地,眼前是一行行整齐排列的茶苗,十几名工人正忙着打包,时不时就有一辆满载茶苗的货车缓慢驶出基地。由于赵富平种植的茶苗成活率高、质量好、名气大,茶苗一上市就销售一空,供不应求,最多的时候,一天就销售200多万株,平均每年销售量高达3000万株。在赵富平的带领下,当地茶苗行业得到飞速发展,茶农的腰包也都鼓了起来。

回首一生,赵富平与茶结下了不解之缘,于他而言,能够为钟爱的茶叶事业奋斗一生是他最大的幸福。同时,他也希望将自己专注的精神和精湛的育茶苗手艺传承下去。

文 | 张傲

杨定升
非遗传承人的"药味"人生

盛夏时节,天色微亮,"浙八味"药材城已是一片繁忙景象,上千名药商和药农齐聚市场。马路两边,前来拉货、卸货的卡车排起长龙,让并不宽敞的通道显得十分拥挤。九和堂药业有限公司总经理杨定升像往常一样步入药材交易区,在人群中穿梭。眼前的一切,杨定升早已习以为常。在他看来,中药材就是当地老百姓脱贫致富奔小康的"金钥匙"。

杨定升51岁,仁川镇柳坡村人,从小在药香浓郁的环境中成长。小学时期,杨定升就经常跟父亲到生产队种植贝母等药材。15岁那年,他跟随父亲到贵州遵义卖中药原料。回想起第一次卖中药材的场景,杨定升感慨万千:"当时交通不发达,到遵义坐了38个小时火车,那时的火车开窗户透气没有空调,一趟下来,头上脸上积了厚厚一层煤灰。"虽然辛苦,但那一次卖药赚了近300元,而当时,农村手艺人一天的工资才1.5元。杨定升觉得这笔钱赚得简直不可思议,小小年纪的他突然领悟到一个道理:卖中药材,能赚钱,有奔头。

1986年初中毕业后,杨定升向父亲借钱种起贝母。当年,他与父亲走南闯北,频繁到全国各地卖药。从大年初三开始,杨定升就踏上卖药之旅,从江西到安徽,从福建到广东,凡是有市场的地方就有他的身影。

年少的杨定升背着沉沉的中药辗转全国各地。由于交通不便,每次出门卖药,连续走几个小时的山路成了家常便饭。"卖药过程中,

我要翻过一个个山岗、穿过一片片竹林,红色的泥巴路越往山上越窄,两边的茅草和我人一样高。长期下来,脚上满是老茧和一些被茅草割伤的疤痕。"杨定升说,他印象最深的一次,是在外地连续跑了20多个县城,花了一个多月时间才把药材卖出去。

为了省钱,杨定升在外卖药材时都选择在火车站过夜,"去车站广场租个凉席,鞋子当枕头,一夜就过去了。"长此以往,积少成多,一年下来,杨定升一家竟然赚了3万多元,一跃成为"万元户"。

致富不忘家乡人,杨定升每次从外地卖药回来,都积极向村民传经送宝,给他们讲述外地药商对磐安县中药材的需求,分享一些药材买卖经验。在杨定升等人的影响下,一大批药农、药商如雨后春笋般涌现出来,仁川等地中药材种植规模成倍增长。

20世纪90年代,由于杨定升等几千名磐安药商不断走南闯北,"磐安药乡"的美名跟随他们的脚步传遍全国,磐安药农的销售模式逐渐从自己拉货出去卖转变成客户上门来买。

1995年,在外闯荡多年的杨定升回到家乡磐安,凭借自己在中药材行业摸爬滚打多年的经验,在新渥中药材市场租房开了第一间药铺,取名"定升药材行",也就是如今九和堂药业有限公司的前身。杨定升脑子活络,除了开店,他还为自己公司制作了网页,试水电子商务。"虽然当时不是很懂,但为之后拓宽销售渠道打下了基础。"杨

定升说。

2003年,杨定升的中药材生意遭遇了挫折。这一年,"非典"在全国大规模爆发,短时间内市场上对中药材的需求量呈几何级数增长,价格随之一路疯涨。几天时间,杨定升仓库里的中药材存货便销售一空。面对火热的市场,杨定升并未觉察到隐藏在背后的危机。正当他高价大量补货时,中药材价格突然直线下滑,一卖一买间,杨定升足足亏了50多万元。这次教训让他意识到,光在市场上倒卖的经营方式不可能长久,要想规避风险,必须直接接触制药企业。

同年,杨定升注册开办磐安县福升农特产品加工厂,开始在全国范围内对接制药企业,将自家所有种植加工的中药材直接销往药企。有了制药厂的大订单,少了中间商赚差价,杨定升第二年的销售额就达到700多万元。

近年来,随着交通、物流、互联网等不断发展,磐安药材产业与全国市场对接更加畅通。2010年,磐安县政府委托浙江磐安中药协会向国家商标局注册了"磐五味"证明商标,并确定磐五味作为磐安中药材的中心品牌。为打响磐五味这张金名片,浙江磐安中药协会以磐五味证明商标使用权参股成立浙江磐五味药业有限公司,并独家许可该公司管理和使用磐五味证明商标。杨定升又成为浙江磐五味药业有限公司总经理。

磐五味公司采用"公司+基地+合作社+农户"经营模式,在生产加工上则继承上千年来的传统磐五味生产加工核心技艺。生产方面，集育种、整田、种植、管理、收获于一体；加工方面，集清洁、去壳、蒸煮、发汗、干燥、烘焙、晾晒于一体。同时，公司以磐安县中药材研究所为技术协作单位，建立了浙贝母、白术、元胡、白芍、玄参等中药材规范化示范基地，促进了磐安中药材产业的健康发展，提升了市场竞争力，为中药材产业国际化作出贡献。

生意日渐红火，传统技艺也没落下。2017年，杨定升被评为磐

五味生产加工技艺省级非物质文化传承人。在他看来，磐五味生产加工技艺是磐安药农经过上千年摸索总结出来的一套行之有效的药材生产制作方法，在机械化生产加工越来越普及的今天，传统生产加工技艺仍有它的用武之地。

"像我们的白术，古时是用木头做成'白术卤'，烧火的锅孔要离开'白术卤'2米以上，火道还要做成弯道，就是防止火过大。"温度过高，影响中药材的品质，甚至对烧火的柴火都有讲究，"燎头毛"的流程用什么柴火，慢火焙干用什么柴火……这种延续了千年的加工方法，直到科学技术高度发达的今天，还是被公认为最好的加工方法。还有，比如白芍的蒸煮火候的把握，晒白芍时如果太阳太大，则要在上面盖上东西，防止白芍空心；玄参加工的捂、闷、卤的加工技术对药材质量都有影响……这几种药材直

到现在还是适宜用古法加工。谈及药材加工,杨定升如数家珍,滔滔不绝。

杨定升生产加工的白术、元胡、浙贝母、玄参、白芍五味药材之所以深受市场青睐,其中一个很重要的原因就是他将祖上历代相传的土法炮制中药技艺和现代化加工技术融为一体,并在传承中不断发展创新。

从当年手提肩扛到全国推销中药材,到1995年进入新渥药材市场开购销行,再到现在建有标准化厂房和仓库,一路走来,中药材与杨定升结下了不解之缘,他始终用心用情,全力谱写"药味"人生之歌。如今,杨定升已迈入知天命之年,但他仍在中药材产业振兴的路上奋进。

文 | 潘辉

袁金成
走南闯北"清连香"　致富不忘桑梓情

盛夏的济宁，热浪阵阵，浙江清连香名茶有限公司总经理袁金成在豪德商贸城茶叶营销中心忙碌着，2000多平方米的营销中心正在进行提升改造。尽管行程满满，四处奔波，出差中的袁金成还是时时关注着卖场施工的每一个关键环节。"就是要注意细节"，袁金成边擦拭着额头细密的汗珠边说。在商海打拼了20多年，他始终坚信"细节决定品牌"，只有做好细节，企业才能长远发展。

玉山憧憬，创业初遇"滑铁卢"

袁金成是尚湖镇袁村上袁自然村人，1998年6月，离开校园的第二天，他就跟随父亲来到人生地不熟的山东济宁，守茶摊、跑供销、创办清连香品牌，逐渐成为父亲的得力助手，主导公司未来发展布局。

谈起和茶的不解之缘，袁金成憨笑着说，开始是为了生计。玉山区域是磐安县茶叶主产区，在袁金成小时候，茶叶就已经是当地村民的重要收入来源。家家户户有茶园，老老少少采茶叶。他从小耳濡目染，记忆里都是长辈们辛劳忙碌的身影，种茶、炒茶，推着独轮车翻山越岭去早市卖茶的身影。

为了养家糊口，除了种茶采茶，父亲袁球明还在村里开了一个小副食店。几经辗转，父亲又来到下溪滩村和尚湖村开店，留下当时只有7岁的袁金成和姐姐在家，两人自己做饭自己上学。后来袁球明发现，做茶叶生意能够带来更多的收入，于是就做起了茶叶生意。

风里来，雨里去，随着玉山茶叶市场越来越兴旺，不怕辛劳的袁球明把茶叶生意做得风生水起，在玉山区域小有名气。一头连市场，一头连客商，通过袁球明收购磐安茶叶的客户越来越多。1998年，经历了上一年度供不应求、茶叶价格水涨船高的好行情后，袁球明抢购了大量新茶，满心想在这一年大展身手，没想到遭遇了茶叶产量过剩、滞销降价的困境。据袁金成回忆，那一年，100元收进的茶叶，大多只能以30~40元的价格抛售，即便如此，还是有很多茶叶由于滞销被经销商退回。这是他父亲做茶叶生意以来最艰难的一年，不光积攒了多年的老本赔光，还欠了一屁股外债。价值50多万元的茶叶堆在仓库里，迟迟找不到买家，这让父亲焦虑万分。那一年，磐安90%的茶商都经历了亏损潮，有的甚至因此破产。眼看着在本地找不到什么销路了，袁金成的姐姐无奈放弃了工作去闯市场找销路，刚毕业的袁金成毫不犹豫地陪着父亲来到山东济宁，在这里寻找东山再起的机会。

转战山东，东山再起

经历了茶叶生意"滑铁卢"的袁氏父子，北上山东，来到济宁草桥口市场寻找商机，租下四间仓库，既堆货物，又当店面卖茶叶。那年的冬天特别冷，当时的市场非常简陋，茶叶铺子没有门，凛冽的寒风呼啸而来，让南方人感到刺骨的冷。零下15℃的严寒中，18岁的袁金成两只手红肿得像面包一样，但为了回款，还是从早到晚守候在茶叶铺前，希望多卖些茶叶，帮父母分忧。空余时间，他还跟着父亲跑市场，学习茶叶销售。袁金成天资聪慧，很快就能独当一面，既能守店，也能出去找销路。看着略显稚嫩的袁金成拿着茶叶样品一家一家跑销路，袁球明既心疼又欣慰。

1998年的失利，让袁金成一家人跌了跟头，但也带他们走出了大山，来到了更广阔的天地。虽然本钱赔光了，却结识了一大批客户，为后来逆势翻盘打下了坚实基础。第二年，父子俩就建立了完善的客户群，销售量逐渐回升。袁金成回忆，那一年，每次发货量达60~70袋，一个茶叶发货单3500公斤左右。虽然元气大伤，但山东的生意给一家人带来了希望，看到了发展的方向。

走出困境后，回顾1998年的"茶业之殇"，虽然有市场研判的失误，但外界对磐安茶业的误解和污名化也是重要因素之一。痛定思痛，袁氏父子决定建立自己的品牌。"青山绿水孕绿叶，清香名茶沁人心"，他们想用这一碗清汤、一袭茶香为磐安茶业正名。2002年，磐安县清连香名茶有限公司成立，建立起"企业+农户"的经营模式，形成了一条完整的品牌化茶叶产业链，正式打响清连香品牌。当年，公司拥有了24间营业用房，2006年扩大至65间。

经过几年的市场运营积累，袁金成敏锐地发现，专卖店能更好地促进品牌宣传和产品销售。于是，从2003年开始，公司以商超的形式拓展业务，仅用6年时间，就在周边地区先后设立45家商超形象专柜。虽然父亲对袁金成的这一举措心存怀疑，总觉得"步子迈得太大了"，但还是坚定地支持儿子的战略选择。事实证明，在袁金成的主导下，这一举措为企业抢占市场份额打下了坚实基础，在各路茶商千军万马的争夺战中，清连香在鲁西南市场稳稳地站住了脚跟。

在山东市场已经稳固的前提下，袁金成又迈出了新的步伐——进军西安，意欲通过西安这个桥头堡，实现对西北五省的辐射。这一次，家里反对的声音不小，父亲袁球明又一次为儿子投出了赞成票。然而，由于前期调研没有把准市场脉搏，西安销售中心的发展之路并不平坦，装修、房租、货物以及其他配套，当年就投入了700多万元，之后数年，也一直处于不断投入但持续亏损状态。出师不利，不服输的袁金成并没有气馁。他说："做什么事情都不可能一帆风顺，起起落落肯定会有，交学费也是很正常的事，重要的是要从失败中总结出经验来。"经过反思，袁金成发现，山东市场那套已经成熟的销售和管理经验并不适合西安卖场，单一的茶品销售满足不了西北市场需求。认准了就干，袁金成迅速调整策略，走多元化和精品化营销之路，很快就在西部京闽茶城以超强阵容雄踞黄金旺铺，打开了西北市场。

回归家乡，致富不忘桑梓情

现在的浙江清连香名茶有限公司是一家集茶叶生产、加工、销售于一体的规上企业。县内，建有600亩茶叶基地，一个茶叶规模加工厂；县外，以山东(济宁)、陕西(西安)为中心，形成了完整的销售网络。清连香商标成为浙江省著名商标，公司成为浙江省农业龙头企业，年销售茶叶180吨，产值5000多万元。

从2005年开始，随着公司影响力和知名度逐渐扩大，销售渠道稳步扩展，品质的提升显得尤为重要。为此，袁金成逐渐把主要精力从跑供销转到抓生产、抓产品质量上来。以往，除了自家生产线上的产品，还会另外收购几批茶叶，不同的茶园条件、炒制工艺的差别、生产中的每一环节，都会影响茶叶品质和口感。直达客户的体验式购茶营销模式，更是对茶叶品质提出了更高要求。细节决定成败，为了适应新的市场需求，清连香扩生产、强品质，目前已完成建筑面积2800多平方米左右的厂房建设，拥有多条龙井茶、香茶自动化生产线，日产干茶2000公斤左右。

下一步，清连香计划在3~5年内完成基地和生产车间标准化、绿色化、自动化、清洁化设施建设，继续增加不同品类的生产线，推动品牌化建设，提高茶叶附加值。未来，还将邀请更多的经销商和终端客户，来实地看看磐安的好山好水好环境，到生产厂区亲身感受高标准的生产和管理水平，推动茶旅结合，带动客户认可磐安茶、宣传磐安美。

离开家乡创业多年，袁金成并没有忘记家乡的沃土。最近，他一直关注着良种基地的土地流转进程。袁金成说，在玉山老百姓的收入当中，茶叶占了很大比例。由于得天独厚的空气、湿度和环境优势，玉山产出的茶叶品质优良，但这些年在种植面积和种植品种上却鲜有突破。由于茶种改良率不高，再加上采摘期稍晚，价格上不去，一亩地卖出的鲜叶往往只有几千元，而其他产区优良种茶园的亩产效益达到了上万元。2020年起，他在品种改良、茶旅结合上率先进行尝试，成功后有望在玉山区域推广经验，带动当地茶农增收。

"茶不移本，植必子生。"在袁金成眼中，茶是安身立命的根本，也是融通世界的媒介，唯愿这一杯香茗，能给家乡人民带来和美的幸福生活。

文 | 杨小燕

李强
从农民到食用菌专家 磐安香菇的引种人

1985年的一天,在冷水乡虬里村,几个村民兴奋地围成一圈品尝一道刚出锅的菜,菜名叫"平菇豆腐"。边上一位年轻人,密切关注着大家的反应,看见大家连声称赞,年轻人脸上露出会心的微笑。这位年轻人叫李强,在磐安香菇发展史上,他功不可没。

李强1961年出生在虬里村,1977年磐安中学毕业。回忆当时的情景,他说:"当时村民的收入来源很少,除了种植传统的粮食就是卖柴火挣几个钱。"

穷则思变。1979年,李强考取拖拉机驾照,承包了村里手扶拖拉机的运输业务,由于当时村里没通机耕路,拖拉机只能停在冷水村。信息闭塞,附近业务量不多,他只能帮人家跑长途,每天15元报酬(包括驾驶员工资与油费),没日没夜,风吹日晒,人很辛苦,一年也挣不了几个钱。

1985年,李强看到许多亲朋好友把家乡的药材拿到外地销售,一个来回7~10天就能赚好几百元,他也坐不住了,和外村人到福建卖药材。这经历彻底改变了李强的想法,看到当地人种食用菌收入不错,他立刻想到磐安也是山区,资源丰富,气候条件适宜,也许是一条能让村民共同致富的好门路，自己何不试一试？于是，李强从福建带回一些平菇菌种。

回到磐安后，李强找来豆秆、刨花等原材料，边看书边实践，开始试种并获得成功，长成的平菇像一朵朵盛开的莲花。李强很兴奋，他把平菇分给左邻右舍品尝，觉得自己可能找到了一条致富门路。第二年（1986年），李强扩大种植规模，有人试着跟他种，没想到当年就种出了一个万元户。

1983年，磐安复县。当时，磐安县生产力落后，为了探索一条适合磐安县农村发展的致富路，县委、县政府深入开展调查研究，认为磐安的地理气候条件非常适宜食用菌种植，李强的想法与县里的决策相符合。

1986年，县四大班子领导多次带领相关部门、乡镇负责人到福建省古田县和省内庆元、文成等地参观学习木屑栽培香菇技术，李强作为农民代表有幸参加。县里专门成立食用菌生产办公室（以下简称食用菌办），李强被聘任为食用菌辅导员，选派到福建古田进修学习香菇栽培技术，磐安县食用菌产业发展从此走上快车道。

参观学习回来后，李强的劲头更足了，他买来有关香菇的技术资料进行研究，一边学习专业知识一边种植香菇。碰到技术问题，他就记下来。几个月下来，就写满了3个本子。当时，很多人对香菇种植并不看好，大家觉得在磐安发展香菇产业有点异想天开。每每听到质疑声，李强总是拍着胸脯斩钉截铁地说："请大家相信我，未来香菇产业一定能让我们增收致富。"于是，村民纷纷跟着他种起了香菇。邻村的人看到种香菇利润可观，也纷纷跑来取经，他总是不厌其烦地传授经验，甚至上门手把手指导。

星星之火，可以燎原。20世纪90年代初，磐安县香菇产业迅猛发展，1993年全县香菇种植量已达4000多万袋。县委、县政府因势利导，在安文、冷水建了占地10000平方米的香菇专业市场，成交量3万多吨，成交额2亿多元。1996年，磐安县鲜菇出口企业达32家，产品远销日本、美国、韩国等十多个国家和地区，销售额为3亿多元。同时，磐安县成为全国最大的鲜香菇集散地。

磐安食用菌从无到有，种植规模从小到大，数以万计的山区农民发了"香菇财"。富起来的农户想着改变自己的居住条件，1997年，李强所在的虬里村开始第一期新农村建设，成为全县最早开始新农村改造的村之一。

在县食用菌办,李强主要负责全县技术指导推广工作。为了让菇农掌握新的种植技术,他采用课堂与现场相结合的方式,花大力气为菇农进行技术培训。仅1990年至1995年,李强举办培训班200多期,培训人数15000人次。

磐安县自1986年开始引种食用菌以来,香菇种植曾覆盖全县所有乡镇,种植户数达6000多户,从业2万多人,享有"中国香菇出浙江,浙江香菇数磐安"的美誉,食用菌产业在一段时期成为磐安县农民脱贫致富的支柱产业。

"不求名,不求利",是李强的人生信条。他做事认真,服务周到,想菇农所想,急菇农所急,热心为菇农排忧解难。2004年9月,仁川镇方山村一农户种植1万多袋杏鲍菇,由于种植技术不过关,导致50%菌棒染上杂菌,眼看4000多元本钱要打水漂,该农户心急如焚,跑到李强家求援。那天正好是星期天,李强放弃休息,立即随该农户赶赴现场指导,分析原因,提出补救措施。6个月后,该农户不仅收回成本,还赚了1万多元,高兴得专程跑到李强办公室表示感谢。

李强非常重视菌种质量和新品种开发,不断寻求新的增长点。为了达到一年四季产菇,提高种菇效益,他先后引进开发了高温香菇、花菇、杏鲍菇、灰树花等品种,均获得成功,并取得较好的经济效益。

花菇是香菇中的上品,在国内外市场都深受消费者欢迎。磐安县从1995年开始引进花菇栽培技术,李强坚持在生产第一线,不断探索栽培技术,大力推广立体栽培。由于花菇是中低温型菇种,生产周期较长,菌丝生长需经历夏日高温,若管理不善极易烂棒。2002年,磐安县花菇菌筒越夏烂棒达300多万袋,直接经济损失300多万元。为解决这一技术难题,李强主持的《香菇烂菌棒防治技术研究与应用》项目获浙江省科技

厅立项，通过两年的技术攻关，从品种、病虫害、管理方法等方面开展研究，李强找出了香菇烂棒的主要因素，总结出一套防治烂棒的管理方法，并通过专家验收，在全县推广应用。该项目也由此获得县科学技术二等奖。他撰写的《花菇菌筒如何越夏》论文获县自然科学优秀论文一等奖。

2004年开始，李强开展了杏鲍菇废菌棒再利用研究试验，并取得了明显成效。2005年至2007年，在全县推广废料再利用种菇600多万袋，节约木材2000万公斤，新增产值1500多万元，促进了产业可持续发展。李强撰写的《利用杏鲍菇菌糠栽培香菇配方试验》论文在全国《食用菌》杂志发表；2008年，由他撰写的《杏鲍菇菌糠再利用技术的研究及应用》论文在《浙江食用菌》杂志发表，同时被评为县自然科学优秀论文一等奖。

2000年以后，由于受土地、劳动力、政策等因素制约，以及"南菇北移"影响和其他产业挤压，磐安县食用菌产业日渐萎缩。李强开始思考"如何适应产业新发展和市场消费新需求，让磐安食用菌产业实现转型升级"。2010年以来，李强和同事先后建立冷水菌棒集约化加工厂、富盛家庭农场食用菌示范园、山香菇业、方前食用菌标准化示范园等基地，年产香菇1000多万袋。香菇基地的建设不仅使土地升值，而且长年雇用村民，在一定程度上解决了一批农民就业问题。

"截至2017年，磐安香菇品牌价值达23.93亿元，居中国香菇品牌排行榜第二。这是宝贵的无形资产，无论什么时候都不能丢，现在香菇种植虽然萎缩，但是可以在菇文化上做文章，比如建一个菇类博物馆、建设采摘体验基地等，实现从种植到文化的转变，让香菇成为吸引游客到磐安的一个卖点。"李强说。

李强从事食用菌工作三十余载，从一个普通农民成为食用菌行业专家，为磐安县食用菌产业发展作出突出贡献，深受菇农的信任和称赞，也得到了政府部门的充分肯定：连续四年被评为县食用菌生产先进工作者；1989年、1990年，被省科协授予农村科普工作先进工作者；1996年，被金华科协等单位授予"青年科技奖"称号；2009年，被评为浙江省劳动模范，担任金华市第七届党代表；2015年，参与研究的项目获农业部颁发的"中华农业科技奖"；2016年，参与研究的项目获农业部颁发的"全国农牧渔业丰收奖"。

文 | 曹明福

陈永生
舞起磐安产业"三条龙"小康路上的坚守者

磐安,大山绵延如屏障,"穷在深山,苦无门路"曾是老百姓心头之痛。由于经济基础薄弱,没有产业优势,经济实力在金华各县(市、区)中长期排名末位,如何脱贫成了全县上下发自内心的问号。

1985年,脱贫从空想变成了现实。当时,磐安县大力发展茶叶、丝绸、食用菌等主导产业,带动农民脱贫致富,为后来顺利摘除贫困县帽子奠定了基础。产业发展促使昔日穷山沟发生巨变,这份变化,源自磐安人的热血干劲,更源自陈永生带领农民前行的担当与情怀。陈永生是这三大产业发展的策划者、亲历者、执行者。他打趣说,当时大家都说这三大产业就是磐安发展的"三条龙",而自己只是其中的舞龙者之一。

1985年,陈永生刚刚担任县供销社副主任一职。当时,供销社因投资失败,面临着经营困难,陈永生没有怨天尤人,而是直面困难,沉着应对。他抓住发展契机,开辟发展路径,让供销社深深扎根于"三农"这块肥沃的土壤,全力打开服务农民、致富农民新局面。

"农业产业发展的关键,一是要紧盯市场需求不放,二是要充分利用自身优势特色。"陈永生和相关部门负责人一起，逐个产业进行调研，分门别类制定政策，逐个产业召开专题会议推进。

磐安生态环境优良，昼夜温差大，种植高品质香菇的条件得天独厚，发展香菇产业成为当时农村经济发展的重中之重。陈永生回忆说："当时，我们的香菇都是直接被省供销社收购，而且还有专业的技术人才支持，不缺市场，不缺技术，但资金短缺，无法扩大生产规模。"陈永生一语道出当时的困难。

资金难题不解决，香菇产业停滞不前，为了解决这一难题，陈永生作出一个大胆的举动。"我们科室三个人花了一天时间，从磐安坐车赶到杭州，找到时任省供销社副主任段凤亭，向他申请资金。"陈永生说，为了能保证资金申请顺利，三个人在段凤亭的办公室立下军令状，保证这笔资金使用两个月内见成效。

军令状一立，点燃了陈永生一行人的创业激情。收到资金后，他们立刻行动起来，到各个乡镇，挨家挨户收购食用菌菌棒，随后没日没夜地扎根在微生物厂里，看着菌棒上的香菇从无到有，从小到大，心中的石头也终于落地。在娓娓而谈中，他仿佛回到了那个年代，厂房里一根根菌棒整齐排列，一个个浅褐色的香菇长柄开伞，每个人脸上都洋溢着丰收的憧憬……

磐安香菇远近闻名，日本客商称赞"中国香菇出浙江，浙江香菇数磐安"。说起当时香菇远销海内外，陈永生脸上止不住笑容和骄傲："当时价格好的时候，一吨香菇值6万美金。"

　　食用菌种植进入正轨、市场稳定后，陈永生又马不停蹄投入到茶业发展上。1986年7月，玉山茶厂开工建设。由于工程大、时间紧、工人少，陈永生带头一起参与建设。"十几米的人字梁，我们自己手工吊装。"陈永生边说边比画着，从施工建设到职工培训再到加工师傅招录，陈永生亲力亲为，力求做到最好。

　　茶厂建成后，第一件事就是对农户的茶叶进行订单收购，带动更多农户种植。"这相当于给茶农们吃了一颗'定心丸'，他们再也不用跑出去找市场。"

　　茶是用来喝的，不是用来看的。在陈永生看来，磐安茶产业的发展，必须从品质提升上打开缺口。当时，茶厂聘请了嵊县一位退休的茶厂厂长来全权管理，同时对茶叶炒制提出新标准，要求进一步优化加工工艺，提高市场美誉度。好品质收获好名声，1986年，磐安茶叶在商业部主办的名优产品评比会上，以形美、色翠、香浓、味醇即"三绿一香"的特色荣获全国名茶称号。

　　开始，收购青茶大多是三四元钱一斤，到后来青茶经过茶厂加工，大大增加附加值，价格高达11元钱一斤，给周边村民带来了更多收入。同时，磐安茶叶开始销往全

国各地,受到消费者和客商的好评。

在开足马力生产茶叶的同时,磐安丝绸产业也悄然兴起。一棵桑树、一只桑蚕、一根蚕丝、一条脱贫致富路,桑蚕织出富民产业。"最开始是新渥一带零星有人养蚕。"陈永生说,后来建立丝绸厂,越来越多的人开始养蚕,一时成了磐安一大支柱产业。

"我们当时去海宁采购蚕种,都是一万张一万张采购。"陈永生说,养蚕最火的那段时间,新渥那边家家户户都在学养蚕,茶余饭后都在讨论养蚕技术。

有了充足的原材料,还需要技术支撑。在县有关部门牵头下,陈永生联系上优秀企业家、余杭临平绸厂厂长高春花。当时,临平绸厂拥有最先进的技术、最顶尖的管理方式。"要学就学最好的!"陈永生没日没夜地扎进工厂一线学习实践。上天不负有心人,在陈永生的努力下,磐安绸厂迅速崛起,形成了集缫丝、织绸、炼染、服装产品等一体的完整产业链,成为20世纪80年代末90年代初县内产值最大的企业。

当时,绸厂发展繁荣,一做内销,二做出口(主要出口到日本、东南亚地区)。1988年,绸厂成为磐安县第一家产值超千万元的企业,县委四套班子集体到绸厂祝贺。"那时候的绸厂是很辉煌的。"陈永生感慨道,绸厂当时有1000多名员工,每天下午下班时,厂门口熙熙攘攘,热闹非凡。

"磐安复县后的经济得益于这'三条龙',这一路走来很不容易,每走一步都是坎坎坷坷。现在好了,村民已经开始走上小康路、富裕路。"从陈永生朴实而又真挚的话语里,可以看出,这位普通基层干部在小康路上的坚守,为引领群众致富奔小康作出不可磨灭的贡献。

文 | 应伊佩

周惠良
播撒希望种子 "制"出美丽人生

当大家来到玉山镇浮牌村,见到周惠良时,只见他正顶着烈日,在水田里埋头劳作,全身已被汗水湿透。

周惠良中等个子,理着干练的平头,全然不像一位67岁的老人。他告诉大家,眼下正是"烤田"的好时节,稻苗长得正壮,把水田里的水放了,烤烤田,既能稳苗,又能让田土变硬一点,便于以后打虫、去杂草。

周惠良的家是一幢三间三层半的洋房。屋里干净整洁,家具电器样样齐全,城里人有的他家都有。周惠良有两个儿子,大儿子是泥水工,小儿子在宁波打工。如今儿孙满堂,周惠良对生活十分满足,正是"制种"这行让他走上致富路、过上好日子的。

从制种新手到制种能手

往事不堪回首。周惠良幼年就失去父母、爷爷,全靠奶奶独自拉扯长大。孤儿老妇相依为命,生活的艰难可想而知。但奶奶十分坚强,坚持供他上学。周惠良上了6年学,懂事的他小学一毕业就回家挣工分了。小伙子老实肯干,颇受村里人称赞,21岁时就娶了同村的一位姑娘为妻。1978年,24岁的周惠良被玉山财税所雇用干了几年。后来因为碰上政策性员工精简,他又回到了农村。那时,周惠良暗暗下决心,当农民也要当出个样子来。

浮牌村400多农户1200多人口,全村有水田1000多亩,是磐安县土地资源最丰

富的一个村庄。加上当地温度、光照、水资源条件良好,昼夜温差大,具有得天独厚的制种自然条件。村集体从1976年就开始制种。27岁的周惠良回家后马上加入了制种的行列。由于他勤奋肯干,尊敬长辈,长辈们都乐意教他。不久,土地承包到户,周惠良的干劲更足了。邻居们说,周惠良做事有一股韧劲,想做的事一定要做得最好。制种是项技术活,从育苗到移栽到施肥管理,从花期调节到喷药、扬花、去杂,任何一个环节都不能出差错。周惠良全心投入实验、观察、对比、做笔记,他虚心好学,遇到不懂的,就向县里的技术员讨教……通过几年实践,不断探索,周惠良慢慢成长为一名制种能手。后来,周惠良被县农业部门聘为技术辅导员,用自己的技术指导村民制种,周惠良感到由衷的高兴。

从自己致富到带领群众致富

周惠良赶上了一个好时代。1990年,周惠良当选为村委会主任;1998年,当选为村党支部书记。他带领村民将浮牌村制种业不断做强做大,制种业成为村民重要的致富门路。自1996年起,按照"上质量、创牌子、拓市场、扩基地"十二字方针,磐安制种业开始实行以统一规划、统一供种、统一技术服务、统一去劣去杂、统一收购管理五个"统一"为标志的产业化进程。县种子公司被确定为制种业唯一的龙头企业,承担起全县制种生产和经营的重任,一头连接市场,一头连接农户,建立起一体化生产经营体系。作为一名村干部,周惠良带领村民甩

开膀子干起来。周惠良说,那时候,全县制种面积为18000多亩,浮牌村就有700多亩。他记得,1998年时,1斤种子值4.8元左右,每亩产量300斤左右,有的农户家里制种十来亩,收入达到近1.5万元。说起当年制种业的辉煌,周惠良侃侃而谈,脸上不禁泛起幸福的笑容。他还记得,当时有一种叫"汕优10号"的杂交水稻种子,他们种得最多,远销湖北、江西、四川、贵州、福建等地。农民尝到了制种产业化的甜头,积极性空前高涨。磐安种子因质量好、纯度高、千粒重而名声远播。当时的制种业成为磐安县继香菇、茶叶之后的又一大支柱产业。

从承包食堂到重返农田

2007年至2011年,由于市场行情变化,种子销路不畅,为了生计,周惠良黯然离开自家耕种了多年的稻田,放弃心爱的水稻制种行当,到深泽某企业承包了食堂。与此同时,原来的县种子公司经过改制拍卖,曹小平成立了浙江可得丰种业公司。2011年,58岁的周惠良再次被聘为公司技术辅导员。重操旧业,周惠良内心百感交集,但更多的是失望过后的欣喜和终于找到归宿的安然。站在久别的田野上,周惠良曾经熄灭的希望之火,就像雨后春草般疯长起来。

那时,村里的农田经过可得丰种业公司统一流转后再交由农民种植。周惠良回忆说,当时回来看到荒芜凌乱的田野,真是一筹莫展。他和村民在公司带领下重新平整土地,先后投资近60万元整理了近100亩农田。公司实行"五统一",为制种农户提供了保障。但是,今时不同往日，如今致富门路多了，村民有的种茄子，有的种茭白，有的出去打工。此外，制种除了要有技术还得靠天吃饭。受种种因素制约，村里制种规模比以前小了，全村只有18户农户还从事制种。自2014年以来，村里杂交水稻制种面积在600亩左右。周惠良说，老板曹小平待他不错，几次三番邀请他当技术辅导员。既然老板信任他，他就要忠实地履行技术辅导的职责，涉及小品种试验、样品试验、管理施肥、治虫、花期调节等许多环节。村里人有事来找，他都第一时间帮助解决。他认为，制种无小事，特别是扬花期控制亲本花期对水稻产量有决定性的影响。周惠良还根据自己的实践经验，自创了一种用绳子拉助水稻扬花的好方法。平时制种农户都是用竹竿敲促扬花。周惠良改用绳子拉以后，发现了几大好处：一是人工更省，用竹竿敲，一个人一天只能敲2亩，而且人很累；改用绳子，两个人一天能完成10亩地，而且不会太累。二是用绳子拉提高产量，花粉满天飞，授粉比较均匀；绳子拉过后，还有送苞作用，促进雌花提前开，有助增产。在曹小平眼里，周惠良是个难得的杂交水稻种子生产技术员。他说，这些年，周惠良勤勤恳恳，用他精湛的制种技术带动其他农户一起致富，是个有头脑、不怕苦、能负责的"土专家"。

重归农田后，周惠良每年都承包60亩左右田地制种。如今，种子收购价在每公斤14~24元，公司又设定最低保障价，制种农户可以说是旱涝保收。这些年，农户收入都比较稳定，最差的就是2019年，受天气影响，亩产只有100多斤，但亩收入也有2000多元。周惠良说，他是个土生土长的农民，从事制种业近40年，每当看到一筐筐颗粒饱满、金灿灿的水稻种子收进来，心里就感到无限的满足。如今年岁大了，快干不动了，他想把制种技术传授给儿子，让儿子继承下去。

文｜陈美蓉　摄｜周济生

包金亮
深山里走出农科"高手"
菇农变身产业领跑者

傍晚时分,一阵雷雨过后,盘峰乡大岭头村后,成片的竹林青翠欲滴。包金亮蹲在竹林下,仔细观察竹荪生长情况,"明天一早,竹荪就会顶破表皮,打开纯白的伞裙,采摘后可直达餐桌"。

包金亮是磐安山之舟生态农业有限公司总经理。20多年来,他深耕食用菌行业,从一名普通菇农蜕变为食用菌行业带头人,先后斩获"国家高级菌类园艺师""国家食用菌专业农艺师""省级农技骨干""市食用菌技术首席""拔尖人才""优秀科技人才"等殊荣。他拥有20余项国家专利,其中发明专利4项,成功地从面朝黄土背朝天的"苦力型"农民转型为科技创新型现代农民,成为食用菌界的"大咖"。

咬定青山,接棒父亲的种菇事业

磐安是"中国香菇之乡",香菇出口至日本、美国、韩国、澳大利亚、英国等国家。19岁那年,包金亮正式接手父亲的菇棚,成为一名菇农。

传统的香菇种植,前期需要投入大量的人力、物力和财力。从小在菇棚中长大的包金亮目睹了父辈花在香菇事业中的心血,体验了菇农起早贪黑的艰辛。拿着仅有的几百元启动资金,他暗下决心,一定要动脑子、花心思、信科学、搞创新,在种菇行业里干出名堂。

香菇栽培之路，其中的艰困，包金亮记忆犹新。20世纪90年代，磐安香菇市场迎来繁荣时期，但由于种植户多，菇种同质化严重，包金亮种植的香菇也无过人之处。为了寻求突破，他翻山越岭上山采集野生菇做实验，有一次一脚踩在飞石上滚落山崖，差点丢了性命；为了学习如何正确摆放香菇菌棒，他进入一家菇农的菇棚取经，结果被误认为小偷差点进了派出所；他偶然从一本杂志上读到福建培育出了一个新品种，他冒雨骑车400多公里，前去取经……有些人向他泼冷水：搞这些有啥用，老老实实种菇不好吗？他把压力和质疑当作前进的动力，遍访国内食用菌专家，搜集国内食用菌书籍，几乎订阅所有的食用菌刊物。他啃知识、学技术、搞实验、攻难关，与大棚形影不离。此外，他还研究建筑学、微生物学、气象学、昆虫学、发酵学，钻研营销、加工和控制论等，并撰写论文、编写教材、跑市场、谈业务……

脑洞大开，科技创新助推食用菌生产

包金亮老家双峰乡皂坑村海拔600多米，人均耕地面积少，是典型的九山半水半分田的小山村。包金亮在实践中遇到了食用菌种植的种种技术瓶颈。2001年，他创办了磐安首家民营食用菌研究所，随后又创办磐安山之舟生态农业有限公司，成为磐安县食用菌行业标准化生产的先驱，为低耗、高效、优质的集约化生产树立了样板。2004年，他作为中国技术专家前往日本、韩国学习交流。他带着我国传统的菌类种植技术"走出去"，又把外国先进的技术"引进来"。

"小时候想见爸爸，去实验室就能见到。"在儿子包淳豪的眼里，父亲十分忙碌。在实验室里，包金亮"泡"出了新品种"新艺一号"，这种菌株菇型好、产量高、品质优，先后被韩国、日本及国内20多个省市引进栽培，成为极具开发潜力的更新换代品种；"泡"出了《食用菌集约化生产新技术》，以低耗高效的技术创新成果被菇农采用；"泡"出了《香菇菌袋生产出口操作规程》，可实现香菇成品率98%、外运零损耗、出菇

率100%，为菌袋生产和出口提供了科学依据。他自主研发的"食用菌集约化栽培工艺与装置""便携式食用菌消毒接种器""节能食用菌蒸汽灭菌装置"等20项创新获得了国家专利。

"科学技术应用成就是极为显著的，它能将匮乏的经济转化为富裕的经济。"这句话一直被包金亮当作创业路上的座右铭，他坚信科学的力量能够为自己的食用菌事业带来改变。

多年来，包金亮积攒了丰富的种菇经验，也十分注重与专家开展科研合作。2014年，他与派驻双峰乡的省科技特派员、省林科院博士张晓勉开展"林菌虫生态循环模式"联合攻关，建立双峰乡"林菌虫生态循环示范基地"，被省科技厅授予"浙江省科技特派员示范基地"称号；2019年，他与某"国家百千万人才工程"专家合作建立磐安山之舟生态农业有限公司"院士专家工作站"，依托省林科院高层次专家团队，为磐安食用菌破难攻坚提供专业支持。

经过多年的刻苦钻研，包金亮在食用菌种植上颇有造诣，在全省农技人员知识更新培训班上，包金亮作为乡土专家为大家授课。

言传身教，带动群众增收致富

食用菌种植是资源消耗型产业，菌棒的主要原材料是木屑，砍树种菇能带来经济效益的同时，也可能对生态带来危害。

磐安是"四江"源头、浙中水塔、国家重点生态功能区，这里的水质影响到下游400万人用水安全，决定着浙江近十分之一人口能否喝上"放心水"。

保护环境是磐安的义务，脱贫致富是磐安的梦想。在环境保护和脱贫致富之间，包金亮找到一条均衡的食用菌发展之路。

据统计，磐安县每年水稻、玉米、茭白、大豆、桑树等种植面积达上万公顷，经测算，每年可用于栽培食用菌的农作物秸秆达10万吨。但目前得到综合利用的仅50%左右，其余的均被焚烧处理，造成大气污染、土壤矿化、火灾事故等问题。

为此，包金亮开展《农作物秸秆种植食用菌循环示范基地及建设》和《生态循环无公害香菇标准化栽培推广示范》等研究，利用周边地区丰富的桑枝、玉米芯、豆秸、稻草等农作物秸秆进行食用菌循环生产，形成了"农作物秸秆-杏鲍菇-香菇-废料还田"的生态循环种植模式，实现资源高效综合利用。

2010年后，由于市场行情低迷，食用菌行业开始走下坡路。一家、两家、三家……同行们不断关门、改行，包金亮看在眼里、急在心上，但仍然不放弃食用菌行业，不断摸索，从产品升级中寻找新的突破口。自2011年起，包金亮开始探索"公司+基地+农户"模式,由他向农户免费提供土地、菌种、技术,让菌菇种植坐上"技术快车"。多年来,该公司共接待参观学习人员十余万人次,带动周边农户栽培食用菌3000余万袋,产值近2亿元,让农户实现家门口增收致富。

除了帮扶周边农户,包金亮还积极参与农业产业帮扶支援工作。在新疆阿克苏温宿县,包金亮牵头建立了162亩食用菌示范基地,在当地开展技术培训,授人以渔,变输血扶持为造血帮扶。

"2020年,基地计划流转林地1000余亩,将为双峰乡溪下村集体带来5万元租金收入。同时,村集体可以资本形式入股基地项目,村企合作助力'消薄'工作。"包金亮兴奋地说。

近年来,结合磐安旅游业发展,包金亮建设了集体验、科普、休闲为一体的食用菌观光园,游客可现场体验认养、采摘、品尝菌菇的乐趣,为磐安县休闲养生旅游开辟了新路。

当许多农民热衷于种菇时,包金亮卖起了菌种;香菇产销两旺时,他背起行囊,辗转于全国各地的食用菌主产区,学习取经;香菇滞销时,他引进杏鲍菇等新品种;食用菌行业低迷时,他走出国门,把菇农的菌棒卖到国外;菇农为卖菇发愁时,他把"迷你菇园"卖到千家万户;全国风靡乡村振兴时,他力推产业振兴……从试验栽培到推广应用,从产销两旺到效益滑坡,在食用菌行业的每个节点,包金亮都敢想敢干,独辟蹊径。风雨二十余载,包金亮始终勇立潮头,走在前列。

文 | 杨莹萍

杨良福
敢为人先试水乡镇企业
市场经济催生"甜蜜"小康

"双面镜子两面亮,一前一后照清爽。四十年前穷如黄连苦,如今是,甜甜蜜蜜奔小康。"在仁川镇杨宅村文化礼堂,原金华糖厂厂长杨良福用一曲道情《改革开放话小康》,与父老乡亲一起回忆创办金华糖厂的岁月。一个竹筒,两块竹片,伴着"唧嘭、唧嘭、唧唧嘭"的渔鼓声,人们的思绪仿佛穿越了历史时空。

磐安地处山区,旱地比水田面积广,20世纪八九十年代,群众主要以种植番薯为生,全县年产鲜薯5万吨左右。番薯含有大量淀粉,是制糖的主要原料。早在1974年,仁川公社在黄余田的荷花山上创办了仁川福利糖厂,以番薯淀粉为原料,生产饴糖。由于受当时的生产条件、生产技术、管理经营理念等因素制约,创办后的十年间,福利糖厂曾一度被挤到市场死角。生意不景气,糖厂关关停停,不仅没有分文盈利,反而亏损了3万多元。后来,好不容易从上级部门争取到5万元资金,却因一次设备爆炸导致生产停滞、工人解散。

杨良福是仁川镇杨宅村人,曾在金华当兵6年,复员后当了6年电影放映员。1978年,选调到当时

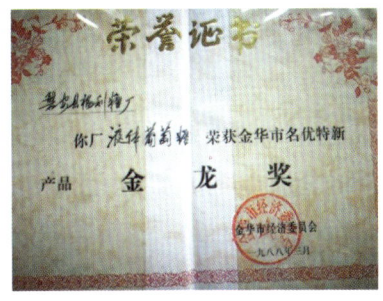

的仁川乡任宣传委员和公安员。20世纪80年代，全国掀起了干部辞职下海的风潮。"丢掉铁饭碗，端起金饭碗。"年轻的杨良福也坐不住了。1984年，他辞职回家办起作坊式糖厂——清波糖厂。为掌握制糖技术，杨良福六赴杭州请教专家，经过多次尝试，终于用番薯淀粉试制成液体葡萄糖。糖厂年产量二三十吨，产品销到杭州天目山药厂等地。"当时一年净利润有5万元。"杨良福一度被推选为脱贫致富的代表四处交流经验。

仁川福利糖厂停产后，大量番薯得不到加工，全县出现卖薯难。1987年，杨良福临危受命，毅然停办自家的清波糖厂，扛起振兴集体糖厂的重任。他把自家设备搬到集体福利糖厂，到杭州食品厂请工程师洪孟学来磐安改进生产流程，提高生产技术，建起液体葡萄糖生产自动化流水线。经县相关部门批准，企业更名为磐安县福利糖厂。"第二年糖厂达到年产量3000吨，创收100多万元。"杨良福回忆道。怀着对"清波糖厂"的深厚感情，经国家工商局注册，杨良福把产品商标注册为清流牌，产品获得1988年金华市名优特新产品"金龙奖"，还被评为省优质产品、全国轻工业优质产品。同年，糖厂更名为磐安县糖厂。

1990年，经省市工商局批准，磐安县糖厂更名为浙江金华糖厂，进入发展黄金期，产品也从单一的液体葡萄糖转向生产糖果、糖果包装纸等多种经营。1990年至1993年，杨宅村老支书杨岩星在金华糖厂做仓库保管员。据他回忆，当时仁川、冷水一带每家每户都能产出700~1000斤番薯粉，这成为老百姓主要的年收入来源。办糖果厂前，番薯粉收购价两角七一斤，第二年就涨到一元多一斤。当地百姓光这一项就增收300多万元。随着糖果生意越来越好，本地番薯粉远不能满足生产需求，于

是糖厂还从周边省市收购。从农户手中收来的番薯粉一般比较粗糙，需要过滤提纯，这是杨岩星的主要工作。"冬天过滤番薯粉最辛苦，零下3度也得拿着水管到过滤池冲洗过滤，整个手都冻得通红。"

1990年开办的糖果分厂就像催化剂激活了整个金华糖厂。杨彬是仁川镇黄余田村人，担任金华糖厂副厂长兼糖果分厂厂长。他回忆，当时市面上的糖果多以蔗糖为原料，甜度高、热量大、口味单调。县内制糖业主要以葡萄糖、饴糖和麦芽糖为主。为在市场中脱颖而出，杨良福带领技术科、设备科，通过技术改造、工艺创新、产品结构攻关，尝试用淀粉双酶生物工程技术制成葡萄糖取代蔗糖，让糖果从高甜度向低甜度转变。这一转变给糖厂开拓了巨大市场，在1993年度全国糖酒食品订货会上，几天时间便订出1500多吨糖果，超出1992年全年的生产量。杨彬的工资从一开始的100多元一个月涨到后来的2000多元。"我印象最深的就是当时每年都会造一幢新厂房。"杨彬说。

糖果分厂顺应市场需求，不断创新产品种类，先后开发了可可司考奇、琼脂软糖、果酱夹心、透明硬糖等80多种产品。李小华是仁川镇赤岩前村人，1993年进入糖果厂负责包装硬糖，一个月工资70多元。"当时能进糖厂工作是很有面子的。"好学的李小华很快掌握了硬糖的熬糖技术，经过努力当上了车间主任。后来，她用白砂糖、奶粉、炼乳开发了"甜甜蜜蜜"奶糖系列产品。杨良福用红牡丹、百合花、郁金香、紫罗兰分别代表春、夏、秋、冬四季，在包装纸上配了四句美好的祝词：圆月是诗，弯月是画，千秋同情，万岁相知。产品一上市，就受到男女青年的喜爱，厂里加班加点赶制了三个多月仍满足不了市场需求。"排队都买不到，好多商家都是白天黑夜守在厂门口等货。"李小华回忆道。她就是在糖厂里和杨彬结缘，最终走到一起。杨良福记得，当时厂里促成了15对新人，他们因糖结缘，过上了甜蜜生活。

1992年，金华糖厂生产销售各类糖果1200多吨，实现产值1000多万元，税利146万元，产品销售到26个省（区、市）的100多个大中城市，其中销往广东、福建的就有100多吨。金华糖厂成为中国食品工业协会糖果专业委员会理事单位。杨良福也当选浙江省八届人大代表，被评为"省明星厂长"。金华糖厂起死回生、扭亏为盈的事迹被媒体争相报道。1993年，《浙江日报》的《中国糖果企业的一匹黑马》《"清流"冲击波——磐安糖果南征闽粤启示录》等文章报道了金华糖厂的创业故事、成功之路。"越是人家说你好，越是受到很多赞扬声，越要有危机感，要不断开拓创新。"这是杨良福的感言。

一开始，糖果包装用的糖纸都是从外面采购，数量、样式、交货日期都有限制。1991年，杨良福决定开办彩印分厂，从嘉兴海宁请来师傅生产糖纸。至此，糖厂形成了液体葡萄糖、糖果、糖纸生产的完整产业链。工人从最初的20多人增加到近500人，厂房从100多平方米扩大到占地面积5000平方米、建筑面积3200平方米。1992年邓小平南方谈话时提出要建立社会主义市场经济体制，中共十四大正式提出建立社会主义市场经济体制的目标。我国改革开放和现代化建设事业进入由计划经济向社会主义市场经济体制转变的新阶段。"我们就是抓住了社会主义市场经济的发展机遇，才成功实现转型。"杨良福一语道破金华糖厂发展秘诀。2003年以后，金华糖厂改制，杨良福也转到其他岗位。

金华糖厂的创办在促进地方经济发展的同时，也带动了周边群众增收致富。糖厂每年都吸纳一定比例的残疾人就业；大量收购本地番薯粉，农户每年增收1000元左右；大量招收本地人进厂上班，有了稳定的收入。"现在的生活真是太好了，想都不敢想。"杨良福回忆，当年他作为优秀电影放映员到省里开会，早餐有稀饭和花生米。他把稀饭吃完，偷偷将花生米留着带回老家给孩子吃。现在不但不愁吃穿，还要吃得健康，穿出个性。

退休后，杨良福坚持活到老学到老，一直活跃在宣传战线。他是浙江省银尚达人、金华红色讲师团讲师、磐安县"三D"宣讲团名师队成员，曾两次上央视、六次上浙江卫视的节目。年过七旬，杨良福仍用智能手机和电脑创作道情，奔走在乡村为父老乡亲讲述小康路上的人和事："寻常百姓住别墅，出门代步有小车。绿水就像聚宝盆，青山就是百宝箱。美了万水和千山，富了百姓与老乡。绿水青山金不换，春风又绿江南岸……"

文 | 黄家林

周洪其
一生只为做好一根管子

　　磐安县是全国最大的家用电器塑料软管生产基地，共有500多家塑料制品生产企业，产品涉及30多个系列1500多个品种，约占国内市场七成份额，出口美国、日本、法国等20多个国家和地区。据估算，磐安县每年生产各类塑料软管约9亿根，按每根2米计算，总长度达180万公里，是地球到月球距离的4.7倍。

　　说起磐安县的塑料软管产业，就不得不提一个人，他就是被人称为塑料软管"祖师爷"的周洪其。

一个不安分的人

周洪其头上顶着诸多"第一":创办了全县第一家个体私营企业,成为全县第一个年产值超百万元的个体私营企业主,开发了全国第一款全自动洗衣机进水管。

如今,71岁的周洪其已把企业交给儿子打理。回想一生的创业之路,周洪其说自己是一个不安分的人。

20世纪70年代,村里人都在安安分分地务农,周洪其却先后办过肥料厂、包装箱厂,不过都失败了;1983年,他又想办汽水厂,无奈批不下来,就种植了7亩树苗,那年冬天全部冻死;1984年春节,县委主要领导到村里走访时问他有什么打算,周洪其说还是想办厂。1984年正月初十,县工商局打电话给周洪其,让他到局里办理手续。一个月后,周洪其租用村里的一个大厅,创办了磐安复县后第一家个体私营企业"磐安县尖山机械塑料配件厂",花500多元购买了一台绕管机,开始生产塑料软管。那时的绕管机是手工摇的,3名职工轮流加工,一天只能生产400支软管,周洪其自己负责跑销售。

"不安分"的周洪其天生就有办厂的天赋,他把塑料软管卖到了北京洗衣机总厂、杭州洗衣机厂,当年产值达到9万元、利润1万元。1985年,他又增添2台机器,职工增加到10人,当年产值达到50万元,利润10多万元。1986年过年时,当时的磐安县县长带领一班人到他厂门口放鞭炮,因为那年该厂产值达到了170万元,是全县第一家产值超百万元的个体私营企业。

县长的鞭炮让周洪其愈加"不安分"了,一心想着把厂办得更大。1989年,他把厂子搬到五丈岩水库边的10间工棚里,淘汰了纯手工的绕管机,引进半自动的吹塑机、注塑机,生产效率提高3倍。1990年,周洪其开发出国内第一款全自动洗衣机进水管。那时,这样的管子除了靠进口,国内只有他一家厂可以生产。在对比进口价格后,他让业务员带着管子样品到宁波一家洗衣机厂谈业务,出发前交代业务员报价每根36元。结果对方没有任何讨价还价,第一笔订单就给了2000支。1991年,这根管子就给他带来300多万元产值、100多万元利润。

"全靠改革开放政策好。"周洪其说,自己是生在旧社会、长在红旗下、创业在改革开放的春风里。其实,周洪其原名叫周红旗,因为上学时同学们整天追着叫他"红旗""红旗",自己做主改成了周洪其。"名字改了初心不改,一辈子跟着红旗走,跟着党走。"周洪其说,在思想道德上,他一辈子都要做一个本分的人。

一根神奇的管子

1993年,周洪其突然消失在人们的视线里,这一消失就是15年。

原来,周洪其的全自动洗衣机进水管批量生产后,其他厂家很快也生产出了同样的管子,并且打起了价格战,一根管子的价格从36元降到9元、6元,直至降到2元,利润少得可怜。周洪其意识到,要想占据市场高点,就必须研发出别人模仿不了的产品。从那时起,他的头脑中有了专利的意识。

1993年,周洪其带着前些年积攒下来的300万元资金,来到东阳,一门心思研发新产品。初中没毕业的周洪其虽然文化程度不高,但爱动脑子,每天除了吃饭就在琢磨管子。在经历了无数次的失败后,2007年,他成功研发出用于烤箱的耐高温密封条新

产品。

这是一根神奇的管子：漏水却不漏气，在保证烤箱干燥的同时确保密封；可以耐500摄氏度高温，确保高温环境下不老化、不变形、不褪色。

为了研发这根管子，周洪其找出从1990年以来美国所有有关专利材料，光翻译费用就花了10多万元。为了研发这根管子，周洪其花光了300万元积蓄还欠下400万元债务。

2007年，蛰伏了15年的周洪其回到尖山，租用厂房创办了磐安科力软管科技有限公司。公司名称"科力"来自"科学技术是第一生产力"。

这根神奇的管子填补了国内同类产品空白，世界500强企业伊莱克斯公司采购部经理亲自找上门，签订了10年期订货合同。2008年，通用电气、LG等世界知名企业的订单纷至沓来。

成功的道路永远不会一帆风顺。2007年公司刚投入试生产，一个美国律师团队来到公司，说公司生产的产品侵犯了他们的专利。对专利知识已颇有研究的周洪其与对方据理力争："我的公司刚刚试生产，根据法律规定，产品没有上市之前不可能构成专利侵权。"美国律师悻悻而归。2008年，公司批量生产后，美国律师团队又来了。这次，周洪其心里有了底气，他告诉对方："我的产品在各方面性能指标已全部超过你们的产品，并且我已经向美国申请了发明专利。"对方再一次失败而归。2009年，该耐高温密封条技术获得美国发明专利，美国律师团队又来到公司，这次他们提出跟周洪其合作，让科力公司成为他们的生产基地，但周洪其没同意。

耐高温密封条投入批量生产后，周洪其又在生产设备、生产流程等方面作了诸多改进，先后成功申请了发明专利、实用新型专利20多个。至今，科力公司都是这一产品的国内唯一生产厂家。

一代代的传承

尖山镇被誉为"中国塑料软管城"，是省级工业园区所在地。"跳出塑料做软管，跳出软管做塑料"，现在，塑料制品产业已成为磐安县三大传统主导产业之一，为磐安县稳增长、稳就业发挥了不可替代的作用。这一切都离不开一代代企业家的创新创业。

2013年，科力公司搬进新建的厂房，周洪其也把公司交给了儿子周益智。交班那天，父亲对儿子说，要想办好企业，就要把我们父辈艰苦创业的精神传承好，也要注重自主研发，不能捧着老饭碗过日子，要有核心竞争力的产品。

周益智记住了，也做到了。搬进新厂房后，周益智建成全自动生产线，这条生产线85%的环节是自主研发的。2020年，周益智捕捉到了垃圾无害化处理带来的商机，着手研发全自动厨余垃圾处理机，目前已进入试用阶段，并通过国家知识产权局商标注册。

如今，磐安县好多塑料制品企业都已交到"创二代"手里，而这些企业的创始人好多又是当年跟着周洪其管理生产、跑业务后自立门户再创业的。

一根管子打天下，塑料软管的故事还在延续……

文｜张黎明

陈正明
矢志不移创新
争做细分行业引领者

近几年,金华春光橡塑科技股份有限公司发展势头强劲,在磐安县企业发展史上取得一项又一项突破。企业蒸蒸日上的背后是董事长陈正明长年累月的辛勤付出。一年到头,陈正明几乎没什么空闲时间,为打造具有世界影响力的民族品牌而不懈努力,为磐安县全面小康建设奉献企业家的力量。

2018年7月30日,春光科技在上海证券交易所上市,成为磐安县首家主板上市企业,也是金华市2018年唯一主板上市公司,更是全国吸尘器配件这一细分行业首家主板上市企业。"县委、县政府对实体经济高度重视,给予优惠政策和优质服务,这才造就了今天的春光科技。"陈正明说。

陈正明68岁,尚湖镇尚湖村人,曾获得浙江省中小企业优秀企业家、金华市科技

创新领军人才、金华市优秀企业家、县劳动模范、金华市非公有制经济人士新时代优秀中国特色社会主义事业建设者等荣誉称号，1998年起连续14年被评为县优秀厂长(经理)。

春光科技的前身是磐安县春光塑料厂，创立于1985年，主要从事清洁电器软管及配件产品的研发、生产及销售，公司始终以"做专、做精、做强，打造中国精品软管"为企业目标，现已发展成为专业研发生产清洁电器软管产品的国家高新技术企业。

创立之初，春光只是一个家庭作坊，那时，陈正明每日以车间为家，工人下班了，他还在设备旁边钻研生产工艺，晚上就铺着纸板睡在车间里。"车间就是家，地板就是床，当时并没感觉到辛苦。"陈正明笑着回忆。

陈正明的抽屉里收藏着一份三十多年的老账单，这份已经泛黄的"现金日记账"，见证了陈正明夫妇创业的艰辛与不易，出差路费、机器修理、厂房整修……里面详细记录了2000元创业启动资金的使用情况。为了节约成本，陈正明身兼数职，装车自己来，押车自己去，卸货自己上……事事精打细算，用好每一分钱。

有一年冬夜，为了开发新模具，陈正明在15公里外的小农机厂，一个人守着机器一干就是通宵。第二天清晨，妻子来看他，推开门看见陈正明全身油污依然在埋头苦干，不禁潸然泪下。陈正明问她为什么哭，她默默流着眼泪，没有回答。此时，陈正明才发现，门外积雪已有一尺多高。

筚路蓝缕，以启山林。通过不懈努力，春光一路攻坚克难，1989年推出第一款真正意义上的内嵌钢丝低压导电软管，在吸尘器软管行业崭露头角。1996年，为顺应市场变化，春光整体搬迁至金磐开发区，为企业发展步入更广阔的平台。随着改革开放的深入推进和异地开发的持续深化，春光迎来加快发展的春天。公司以诚信为本，用过硬的质量和一流的服务赢得了广大客户的好评，企业效益快速提升，产值跨入千万元行列，晋升为规模以上企业。

那时，在一些人眼中，春光产品传统、设备简陋，缺乏核心竞争力，"不过是一家做软管的企业而已，成不了大气候"。面对外界质疑，陈正明矢志不移，坚持自主创新，他带领团队钻研新技术，力求产品性能出类拔萃、品质精益求精，企业核心竞争力得到大幅提升。

2004年，公司年产值达5000万元，春光开始进入规模化发展阶段；2005年，苏州生产基地——苏州凯弘橡塑有限公司正式投产，春光进入异地多元化发展阶段；2006年，销售额首次突破亿元大关，企业进入高速成长期。2010年至2014年连续五年纳税超千万元；近几年，公司年均上缴税收超过5000万元，成为国内软管制造行业的佼佼者。

陈正明说，核心技术是要不来、买不来、讨不来的，只有把关键核心技术掌握在自己手中，才能让企业走在市场前沿。在不断研发创新下，春光获得发明专利10项、实用新型专利31项、省重大科技专项2项、省新产品17项。其中，国际领先水平1项，公司进入稳定的

发展周期。坚守是基础，创新是核心。面对日益激烈的市场竞争，公司全体员工始终坚持自主创新，企业逐步实现从"制造"到"智造"的升级转型。

公司展览厅里有一个老物件，生锈的表面和脱落的油漆映衬着它的历史沧桑。"这台机器是春光匠人精神的起点，时刻提醒我们要以科技为第一生产力。"陈正明一边介绍，一边熟练地摆弄起机器，开关、主轴、扳手……机器的每一个零部件都像是他的老朋友。

35年来，春光科技受到国内改革开放、国外贸易拓展带来的红利，也经历了金融危机、贸易战等带来的冲击。发展过程中，春光科技取得一个又一个阶段性的成功，主要是坚守了"一米宽、万米深"的战略理念。

春光科技凭借行业坚守和技术创新，逐步成为中国真空吸尘器软管供应商引领者，全球一流软管研发、生产的专业供应商。春光科技已成为专业、品质的代名词，彰显了公司所蕴含的优秀企业文化。

公司注重培养专业技术人才，2019年5月，"春光科技"冠名班开班仪式在金华技师学院举行，30名金华技师学院三维制图、机电专业毕业生和30名春光员工成了第一批学员。

在陈正明看来，要做好一个企业，成就一番事业，就得把自己历练成"看到别人看不到的，想到别人想不到的，才能真正做到别人做不到的"。这种超越自我的精神，也时刻感染着公司员工。公司30周年庆典上，一位长期跟随陈正明的员工说："别人都说我们老板很聪明，办法很多，但我认为，正是因为他白天想不通晚上接着想，今天想不通明天继续想，久而久之，人自然就聪明了。"

春光科技是一家有担当的企业，多年来，公司主动承担社会责任，多次向县红十字会捐款，用于磐安县教育、文化等公益事业。2020年初，公司心系新冠肺炎疫情，慷慨解囊，捐赠100万元用于疫情防控。

回首创业历程，陈正明感慨万千：做任何事，不能此山望着那山高，而是要找准目标，不轻言放弃，使自己的专长得以淋漓尽致地发挥，最终实现人生价值的最大化。"一生只做一件事，做好、做精一件事。要争做细分行业的引领者，把春光科技打造成一张全球软管制造的金名片"。

文｜邵汉诚

张威平
风雨笃行二十二年
引领"农家乐第一村"

又是一年木槿花开时，尖山镇乌石村迎来最繁忙的季节。停车场上，旅游大巴车鳞次栉比，村里的农家乐应接不暇。业主三步并作两步走，面泛红晕，额头冒汗，脸庞上绽放出幸福的笑容……

停车场边的凤凰山公园，南侧山坡上巍然屹立一面巨幅的红旗，上书："听党话、跟党走"。红旗的左侧，"金华农家乐第一村"八个巨大的字横空而起，气势非凡地凸显乌石村的"产业身位"。张威平坐在自家屋檐下休闲喝茶，可以一眼望到凤凰山上的红旗与横幅。如今，他已卸任管头村（乌石村）党支部书记三年多，但每每看到金华农家乐第一村横幅，他心里无比欣慰与骄傲，还有深深的感恩……

旧村改造排众议　力保"乌石村"

时光回溯25年，"管头变'光头'""好女不嫁管头村"是管头村的生活写照。管头村下辖五个自然村，居住分散，房屋破旧，交通不便，村民过着面朝黄土背朝天的生活，艰难维持生计。随着改革开放在广大农村开花结果，20世纪90年代初，尖山镇里光洋村率先高举新农村改造的大旗，成为当时的样板村、红旗村。紧邻里光洋的管头村无形中受到了很大的刺激。

俗话说：穷则思变。1995年底，新一轮村级组织换届紧锣密鼓地展开。老支部书记因身体原因提出"让贤"，镇党委为村支书人选问题深入管头征求党员干部意见，张威平由此进入组织视线。当时，35岁的张威平在尖山创办了一个塑料厂，因为有经济头脑，阅历丰富，受到一些老党员、老干部的举荐。但有一部分人提出，张威平没有村干部经历，年纪轻轻就挑大梁，管头村发展可能有风险。最后，管头村需要开拓创新、发展经济的呼声还是成为主流，张威平顺利当选新一届村党支部书记，老党员、老干部不约而同地表态支持他开展工作。当时，张威平自己也没有想到，这村党支部书记一当就是22年。

新官上任三把火，开展旧村改造、改善交通等基础设施是对张威平的第一次大考。村民改善居住条件的呼声空前高涨，他一边推进农田水利、农业基地建设，一边谋划旧村改造的事。1998年，张威平多次带领干部到里光洋村学习。开始，他计划照搬里光洋模式开展旧村改造，为此还亲自动手，绘制了一张管头村全拆全建的规划草图。

1998年，磐安县第二轮土地延包工作全面展开，管头村旧村改造工作也正式启动。张威平以超前思维布局旧村改造，管头村趁机留出28亩村庄建设用地，为后来建新村、保老村腾挪出重要空间。按照当时村干部的估算，这28亩土地可以确保农户在20年内批宅基地无忧。开始，村集体与参与旧村改造的农户签订了拆迁协议，按照一户一宅原则，原本是要拆除乌石古民居的。在工作推进过程中，情况有了转机。

管头有1100多年村史，古屋、古井、古树、古塘，赋予该村古朴典雅的气质。质地坚硬的玄武岩在当地俗称"乌石"，该村有乌石垒成的古民居360多间，占地面积1.4万多平方米。黑色墙体石块平整合缝，犹如砖砌一般，盖以黑色土瓦，围成一个个完整的四合院、三合院。管头村由此又得名乌石村。

拆农户的老房子谈何容易，在工作推进中遇到诸多问题，农户之间、干部之间思想认识都不一致。为此，张威平到多地考察学习，并征询了许多人的意见，走南闯北、见多识广的他开始反思全拆全建的合理性，拆除乌石古民居的事也慢慢有了转圜。张威平说："当时，我认准一点，拿不准的事，不要先急着下手，乌石房子先保下来总没错。"于是，村里就作了变通处理：旧房不要求马上拆除，给拆迁户三年的过渡期。

2001年冬，不经意中，三年过渡期悄然而过，旧房拆除的事又一次在干部、群众中发酵，没有轮到农房改造的农户更是意见很大。这时，经过深思熟虑后，张威平不仅认识到乌石老房子具有历史价值，而且已洞察到其中可能蕴藏着商机。他分头找村干部交流自己的想法，并分别召开村两委干部、党员干部、村民代表会议研究讨论。

一个寒风凛冽的晚上，管头村老大会堂二楼会议室内灯火通明，气氛非常热烈。张威平从广东千里迢迢赶回来，主持召开村党员干部会议，主题就研究讨论老房子处置和旧村改造问题。虽然村两委干部思想基本统一，但一部分党员、老干部明确反对保留老房子。他们提出，老房子不值钱，不拆除意味更多土地得拿来安置宅基，造成土地资源浪费，耕地减少就会影响村民生计，可能吃饭都不保……张威平结合自己广东做生意时的乡村见闻，介绍国外的现代农业、国家的发展形势、山区农村的出路，提出"保老村、建新村"的思路。他苦口婆心，力劝大伙放眼长远，保住老房子。

此后，张威平通过花溪旅行社，组织党员干部、老年协会代表等50多人，专程到奉化市滕头村进行了参观学习。参观滕头新农村建设后，之前有不同意见的人也感慨万千地说："这儿真是农村的'天堂'，管头村也要朝这个方向去发展，如果早点来参观，我们就不用争论了，保留老房子肯定没错。"

在镇村干部的多方努力下，村民们最终同意"保老村、建新村"方案，参与旧村改造的农户都重新签订协议，乌石老屋由村集体收储。乌石老村因此得以完整保留下来，成为浙江省内保存较完整的古建筑群之一。独特的建筑景观和深厚的文化内涵，为今后发展乡村旅游奠定了坚实基础。

几年里，管头村先后完成通村道路、环村道路拓宽与硬化工程建设。村集体采用宅基地招投标安置的办法，筹集了建设资金，全力推进旧村改造。2002年，管头村实行"五村并一村"，分散的5个自然村全部从深山搬迁至管头大村。

认理谋事不信邪　只为农家乐

2005年6月，时任副省长茅临生来尖山调研，明确提出管头村要因地制宜发展农家乐产业，这让张威平吃下定心丸。一个月后，在县领导的带领下，管头村干部、村民代表专程到安吉、德清进行了参观。回村后，张威平便开始发动村民创办农家乐。万事开头难，真要掏出真金白银开办农家乐，村民无一人响应。村民私下都觉得这农家乐肯定是"赔钱赚吆喝"。

只要认定是对的事，只要为村民谋利，张威平就不信邪，必须做出样子来。张威平召集村干部开会，下达农家乐"政治任务"：村干部"三巨头"要么自己带头开，要么负责动员一户人家开办农家乐。通过做工作，张威平与村委会主任厉亚平各动员了一户农户，村经联社主任厉财瑶自己带头开农家乐。村民厉正照在犹豫观望了一番后，勉强跟进开办农家乐。2005年9月28日，4户农家乐在管头挂牌开张。张财瑶家有18张床位，其他3家各有10张床位，总共48张床位。

紧接着是"十一"黄金周，管头村到相邻的夹溪十八涡景区入口处打了广告："游玩十八涡景区，吃住乌石农家乐"，起到立竿见影的效果。"十一"假期里，4家农家乐生意异常火爆。但"十一"过后，农家乐荣景不再，无人问津。这下，业主纷纷打起了退堂鼓：有的到县城塑料软管厂里去打工，有的到尖山集镇里开起皮鞋店……眼看每户人家为开办农家乐贷款的3万~5万元要打水漂，有些群众更是背地里说起了风凉话……这让张威平心急如焚。

2005年冬的一天，张威平与厉亚平凌晨三点就起床，开启到上海开拓客源之旅。他们背着蛇皮袋，袋子里装着乌石农家乐宣传营销的小册

子。在上海南京路上,他挨家挨户登门拜访旅行社。人家见他背着个蛇皮袋,一副农民打扮,有的敷衍着收下他送的宣传资料,有的干脆就下逐客令。旅行社大多表示,不知道磐安这地方,管头的接客规模太小,交通又不便,这生意做不了。他跑了许多旅行社,听到最多的回答是"不好意思"。

万般无奈之下,张威平改变了思路,到老年协会组织去碰碰运气。在上海长宁区老年自行车协会,副会长周德利热情接待了他。一是被张威平为村民服务的热忱所感动,二是协会计划开辟新的活动地点,于是周德利满口答应,要帮管头这个忙。2006年春天,长宁区老年自行车协会会员如约而至,张威平兴高采烈地到上三高速新昌出口迎接周德利一行。该协会有会员2000多人,周德利每周安排50多人来管头游玩。这下,2006年一整年的生意就有了着落。2007年5月,管头村与上海新大陆旅行社建立了长期的合作关系,这标志着客源市场通道彻底打通。

创新"四统一"管理 成就"第一村"

客源难题解决了,农家乐也雨后春笋般地冒出来,但后续农家乐管理问题又接踵而来。张威平召集村干部反复研究,决定推行"四统一"管理模式。即由村服务中心统一制作宣传资料、整村一体开展对外营销;团队游客由服务中心按照经营户门牌号顺序统一安排;收费标准、餐饮标准由服务中心统一制定；游客费用统一由服务中心收取，由服务中心与各经营户进行结算。若有投诉，查实经营户有过错，则下一轮客人安排轮空，还要进行适当的经济处罚。

2006年9月，管头村建立乌石村农家乐服务中心，落实了人员、场地，制定了接待服务规范、清洁卫生规范、安全保卫规范、旅游安全制度、监督投诉奖惩办法等一系列制度。农家乐经营户全部纳入服务中心管理，在开办和经营过程中享受各项优惠扶持政策，统一接受管理与监督。村干部作为服务中心工作人员，承担起事务协调员、旅游宣传员、游客服务员、矛盾纠纷调解员等职责。服务中心按每人3元的标准，从经营收入中提取服务管理费用，用于营销推介、治安巡逻管理以及村环境卫生保洁等集体开支。最多时，年管理费收入达60多万元。

2006年6月13日下午，时任省委书记习近平来到管头村调研，张威平迎来人生的高光时刻。这也成为管头村发展的重要历史节点。张威平至今对那时的场景记忆犹新。当时，下着小雨，习近平在龙湾堂前老村口处下车。他赶紧迎上去想为其打伞，习近平示意自己来。在环村路上，张威平一边带路，一边汇报管头村的情况。张威平回忆说："当时，总书记叫我不要怕，一定要讲真话，他说自己以前也当过村党支部书记，我讲的是真话还是套话、假话，他听得出来的。"见习近平这般平易近人，张威平马上卸掉了心理包袱，在轻松愉悦的一问一答中汇报了管头的情况。听取汇报后，习近平充分肯定管头村的工作，并对农家乐发展、新农村建设等作出重要指示，这让张威平信心百倍。

"四统一"模式从根本上扭转了市场信息不对称、经营户无序竞争的局面，大大促进农家乐发展。2017年，管头村已发展农家乐115家3200个床位，直接从业人员300多人。2018年12月，管头、炉岭、大园、林庄、大山头、东里等6个村合并设立乌石村。

截至目前，乌石村共有农家乐173家、3777张床位、8375个餐位，80%村民从事农家乐行业。2019年接待游客突破85万人次，旅游综合收入达到1.6亿元，管头村村民年人均收入突破8万元，乌石村成为名副其实的"金华农家乐第一村"。

文｜杨适时

陶冶之
"银根"抽"银丝" 茧出好生活

踏过青石板桥，沿着沥青铺就的村道漫步于冷水镇小章村，村道两旁绿树成荫，一块块精致的木牌不时地映入眼帘，"松林客栈""归去来居""小桥流水人家"……后山，金台铁路磐安站施工现场，一辆辆货车来回穿梭，一台台挖掘机挥舞"手臂"，铁轨向远处延伸……三四十年前，种桑养蚕曾是小章村农民增收致富的主要渠道，其中磐安县第一代蚕桑辅导员陶冶之功不可没。

时间回溯到20世纪中叶，小章村还是个出了名的贫困村，全村近400人口，耕地面积却只有160多亩，再加上多数耕地为山边地，土地贫瘠，农作物种植产量低，经济效益不高。当时在小章村，一个正劳力一天仅能赚10工分，也就是五六角钱，一年收入不到200元。"粮食要用工分去购买，每年能结余100元钱那是一笔不小的财富了。"陶冶之感慨，在面朝黄土背朝天的年代，虽然每年稍有结余，但也过得提心吊胆，捉襟见肘是常有的事。

土地贫瘠是"硬伤"，农民卖力劳作也很难丰衣足食。穷则思变。20世纪60年代，周边的新渥、横店等地兴起一股养蚕之风，且收益颇丰，小章村两委决定推广种桑养蚕。

1970年，村经济组从每个生产小队抽调了几名手脚灵活的年轻妇女，组成蚕桑专业组，到东阳横店、浙北海宁等地参观学习。"养蚕效益确实可观。"陶冶之记得，当时一张蚕卵能带来300元收入，远超一个劳动力一年的劳作所

得,何况蚕一年可以养五次、一个月就能结茧,但这都是村集体的收入,陶冶之和大部分村民一样依旧守着一亩三分,土里刨食。

1980年,生产队解散,土地承包到户,24岁的陶冶之迎来了人生转机。他拿出多年积蓄,承包了村里四分之一的桑叶地,打算养蚕。纵使没有养蚕经验和技术,但陶冶之有着自己的底气,刚成婚的妻子陶月妹恰是原村蚕桑专业组的一员。

虽然身边有了一位养蚕经验丰富的好帮手,但起初陶冶之养蚕也吃了不少苦。蚕宝宝抗病能力弱,对生长环境要求高,养殖前消毒环节必不可少。"领蚕卵一周前就要完成消杀工作。"为了养好蚕，陶冶之早早就彻底清扫蚕室及周边环境，用他的话说每次清扫堪比春节前大扫除，将蚕具放在阳光下暴晒，并用消毒液消毒……准备工作烦琐而又复杂，但在妻子的帮助下，陶冶之感到从没有过的幸福快乐，他知道好生活正在自己的辛勤努力下一步步向他走来。

"第一次养，没什么经验，不敢领太多。"出于谨慎，陶冶之第一次仅领养了两张蚕卵，看着一粒粒密密麻麻的"银子"，他眼里泛着光，心里鼓着劲。

"清晨的桑叶最嫩，是蚕宝宝的最爱。"每天天不亮，陶冶之就和妻子背着竹筐上山采摘桑叶。看着一只只蚕宝宝以一天一变的速度长大，陶冶之格外小心照料着，但还是出现了纰漏。一次，陶冶之刚采摘完桑叶回家，准备将新鲜的桑叶喂给蚕宝宝吃，可他发现一些蚕宝宝停止食桑、烦躁、乱爬、不断翻滚，原本白油油的身子失去了光泽，这让他非常揪心。陶冶之在脑海中快速搜索最近料理蚕宝宝的记忆，拿起一片桑叶放到鼻尖细细闻了一下，总感觉不对劲。他赶紧叫上妻子将原先的桑叶取出、更换，把中毒的蚕宝宝挑选出来进行隔离……"蚕宝宝很脆弱的。"说起蚕宝宝误食了带有农药残留的桑叶时，陶冶之仍旧有些后怕，如果那次蚕宝宝全军覆没，他可能就和养蚕无缘了。自此，每到农作物杀虫时节，他都会格外留意周边农药喷洒情况，观察是否有农药污染了自家的桑叶。

一个月光景悄然过去，好动的蚕宝宝们裹上了一层厚厚的"银丝"。一个月的辛苦守候，一个月的精心照料，一个月的朝思暮想，陶冶之终于靠养蚕挖到了第一桶金，但他没有停歇，处理完第一批蚕茧后，又开始新一轮的养蚕准备。

当年他共养蚕10张，收益2000多元。看着养蚕收入是他在生产队时候的10倍还多，陶冶之相信，养蚕这条路准没错。他不断扩大养殖规模，从养10张蚕卵到养20多张蚕卵，蚕匾越叠越高直至旧房子容纳不下。1987年建了新房子，从一层楼加高到三层楼。1992年，陶冶之的蚕茧产量达一吨，收入一万多元，成为全县首个年收入超万元的养蚕户，9月份被评为"养蚕状元"。

十年磨一剑，陶冶之的养蚕成就有目共睹，养蚕投资少、见效快、效益高的优点，慢慢带动了小章村村民养蚕，但不是所有人都像陶冶之一样幸运，有个勤劳肯干且经验丰富的妻子。1993年，他被聘任为新渥蚕桑专业合作社辅导员，专门为小章村村民提供养蚕技术指导。此外，统计蚕卵、结算种款等也都是他承接的业务。次年，陶冶之当选为村党支部书记，从管事员变身为"大管家"，现身说法积极宣传养蚕种桑的好处，并保证无偿提供技术指导和服务。农忙时节，陶冶之的身影总是奔波于各农户的桑田、蚕房之间，随叫随到是他的信条，"大家信任我跟着我干，不能辜负村民们的期望""大家富才是真的富"……在陶冶之的带动下，全村八成以上村民开始种桑养蚕，95%以上田地种上了桑树。同年，小章村被评为"蚕桑专业村"。民间传唱的"歌声遍野采桑行，段段仙姿若彩云；难尽纤纤十指意，唯钟脉脉茧花情"，正是小章村采桑时欢愉情景的真实写照。

养蚕也有风险，从蚕子到上山，有瘟疫、有鼠害、有药毒，一不小心，就会前功尽弃。虽说技术性问题都能自行解决，但市场价格却不由自己随意打算盘。1996年的蚕价就曾一落千丈。多年来，蚕农们曾多次遭受茧价走低之痛，但小章村却坚持不砍树、不掘根，产量扶摇直上，这与陶冶之不无关系。

在多年与蚕打交道过程中，陶冶之总结出了自己的养蚕经验，并对老旧技术进行了革新：改传统采叶饲养为地蚕、条桑饲养；改常规消毒为消毒池消毒；改蚕山为方格簇上山。为了带动蚕农致富，陶冶之走家串户推广新技术，用自己的实践去说服蚕农。在"火车头"的带动下，小章村养蚕效率和存活率得到了极大提高，产业规模进一步扩大。许多蚕农靠养蚕致富，不但置办起了各种时尚家用电器、摩托车等，还建起了漂亮别致的新楼房。同时，陶冶之认真钻研种植模式：利用桑树和元胡、贝母等药材生长周期不同的特点，在桑田里成功套种元胡、贝母等，进一步带动村民增收。

如今的小章村，不少农户靠着气排球运动，利用闲置农房，开办起了农家乐；磐安的第一条铁路、第一座火车站和第一趟列车开通后将进一步促进小章村"体育+旅游"产业的发展。回首小章村民用蚕丝编织出的美好生活，陶冶之心里有说不出的欣慰与自豪。

文 | 卢明

潘望霖
逐梦磐安旅游的拓荒者

近年来，磐安县各旅游景区人气爆棚，"一号产业"蓬勃发展。大小景区游客一拨接一拨，络绎不绝；高端民宿、共享农屋遍地开花，农家乐提档升级；"身心两安 自在磐安"的主题品牌响彻省内外，"两山"实践样板地、康养旅居大花园已经成为磐安最亮眼的金名片。但三十年前，在磐安发展旅游，那是一般人想都不敢想的事，潘望霖是为数不多的敢想者，磐安旅游的"拓荒牛"。

造梦——追寻那一轮最亮的明月

潘望霖是磐安旅游的先行者。1942年，他出生在东阳的普通农民家庭，母亲嫁自安文。黄岩农校毕业后做过粮食保管员，后去金华农校进修并留校教书。1982年，潘望霖调回安文工作，这里的山山水水、苍天古木，让他备感亲切。回到魂牵梦萦的外婆家，潘望霖想起了母亲生前的嘱咐："做人要有出息""坐哪只船，就要兴哪只船"。母亲的话言犹在耳，他暗下决心，一定要为磐安尽己所能，兴这条"船"！

他是这样想的，也是这样做的。为了探寻磐安山水，潘望霖骑着一辆破旧的摩托车，穿梭在大山和村庄之间，从不喊苦叫累。1987年，他参与编制《磐安县综合发展规划》，同时主持《磐安植物》调查项目，步伐也随之走得更远了，有时为了寻找山中的一草一木，走上十几公里山路是常有的事。走得远了，看得多了，他眼里见到的，心里便记下了。

在潘望霖的眼中，磐安的山水无处不美，到处是珍花异草，美得令人心醉。这里的人更是质朴和善，每当他在深山小村小憩，农家人总会热情地送上一碗清凉的茶水、一块热乎乎的番薯。看着破败的村庄和穷苦的农民，一种难言的滋味在他心头环绕。要改变贫穷面貌，非发展产业不可。

"磐安发展的产业似乎都是星星，小打小闹不行，非得找到一轮明月才行。"当时和同事聊天时的感慨，让潘望霖心中一动，发展旅游产业这个念头像一颗种子播进他的心头。

之后几年，潘望霖辗转多个单位，却从未忘记心头那一轮最大的"明月"，也一直没有停下脚步，到处探访磐安的山山水水，记录着一花一木。

1991年2月23日，全国旅游工作会议要求各级政府将旅游业纳入本地国民经济和社会发展计划。潘望霖坐不住了，为编撰《磐安植物》，他跑遍全县各个乡镇和主要的山头、溪涧，光调查行程就有2364公里。在此期间首次发现了千米平板溪，以及众多极具开发价值的旅游预备资源。

1993年，潘望霖调任县统计局局长，同年6月，他撰写了《大盘山风景区开发探讨》等文章；1995年2月，发表了《发展第三产业，振兴地方经济》的调研报告。在县两会上，作为政协磐安县第四届委员会委员，他提交了"利用磐安的自然人文资源发展磐安旅游产业"的提案。一石激起千层浪，这是磐安县历史上第一次正式提出发展旅游业的提案（议案）。

逐梦——播撒旅游产业的希望

发展旅游，谈何容易？当时的磐安，经济落后，交通不便，种种因素都是制约旅游发展的瓶颈。但潘望霖没有放弃，坚持整理文献，查找资料，实地走访，外出考察，他一直在寻找推动磐安旅游发展的契机。

1998年，已退居二线的潘望霖，得知时任县旅游总公司总经理（磐安县第一任旅游局局长）周际演正在全力做旅游开发工作后，二话不说，主动请缨参与到《磐安风光》画册的筹备工作中。当时，潘望霖已经57岁，旅游梦仿佛又让他有了用不完的力气。

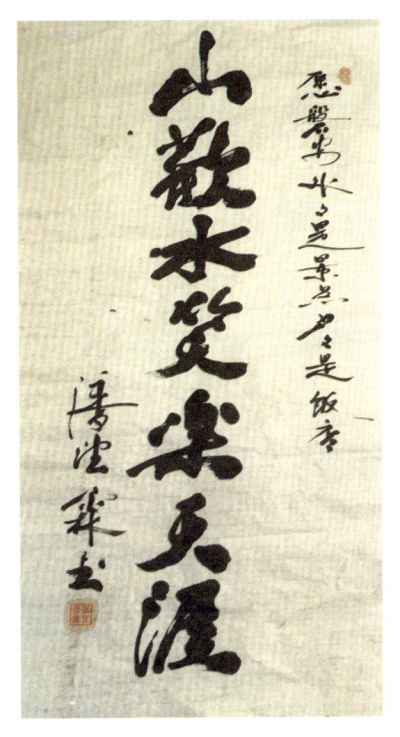

为了实地考察双溪乡梓誉村山背后的"石笋",他和周际演一早从安文出发,到达村里后,又跋山涉水走了六七里山路,结果到目的地一看,几人面面相觑。"石笋"高20余米,边上长满荒草杂树,人都难以立足,根本没办法拍照。潘望霖一行只得先清理周边杂物,整整忙活6个小时后,才拍下第一张"石笋"资料照片。在夹溪,为探究石涡真貌,潘望霖不顾镇干部几番劝阻,毅然下水潜到最深处,把夹溪最深一个涡的情况探知清楚。涡里水流湍急,事后大家想想都后怕,但潘望霖却说,不下水怎么窥见水下的真容?

这样的事情太多太多了。一把足以燎原的心火燃烧着潘望霖,驱动着他并不硬朗的身板奔波跋涉。无论路途多远,地方多偏,只要听说哪儿有风景,潘望霖就往哪儿赶。巍巍大盘山,他去过187次。当时条件所限,没有航拍,要一窥这个大自然宝库的真容并不容易。潘望霖无数次从山的四面分别爬上山顶,靠着积累的知识和一遍遍走过的记忆,将大盘山的一花一草一石一木深深印在心里。他就这样用丈量的脚步、手中的相机和无尽的汗水,为磐安旅游留下最珍贵的原始资料。

同年,潘望霖会同地理专家徐秀登、陈华民对玉山台地与夹溪的特征、成因进行专门实地考察,对源头说提出不同意见,并撰写了《玉山台地与夹溪的特征、成因及开发刍议》一文。除此之外,他还撰写整理了《磐安县花溪——夹溪风景名胜区资源调查评价报告》《千米平板溪的特征、成因和保护》《花溪生态游项目建议书》《发展生态旅游是磐安县又一新的经济增长点》等一系列宝贵文献。

2000年10月1日,花溪景区建成对外开放营业,开启了磐安县旅游发展的新篇章。潘望霖激动得彻夜难眠,从首次发现千米平板长溪到开发花溪景区再到建成开放，中间经历了重重困难。当时，施工工人大多是村里的村民，既看不懂图纸规划，也不明白景区概念，他一点一点给村民们仔细讲。为了盯项目，抓进度，不知道多少个漆黑的午夜，骑着摩托赶回家，身上的衣服全是路上带回的泥点。苦心人，天不负，潘望霖看到了皎月发光的美景。

圆梦——全域旅游处处开花

2002年，潘望霖正式退休，但他退而不休，一辈子也不曾真正闲下来，他放不下心中的这轮明月。虽然身体不好，但只要有专家、学者和客商来磐安考察，他总是二话不说陪同考察，回家累得好几天都缓不过来。至今，妻子徐瑞娥回忆起来还心疼不已，那时她家装着两个电表，因为潘望霖总是在他的小书房工作到凌晨三点，她嘴上抱怨，其实心里是既心疼又钦佩，看他忙到凌晨后满足的样子，她就知道劝不住。国家发展改革委原研究室主任卢嘉祥曾这样评价潘望霖，"立足磐安大地鞠躬尽瘁，献身虔勺宏图为民造福"。

2003年后，夹溪十八涡、高姥山旅游区、百杖潭等景区相继开放营业。2019年，磐安县接待国内游客1568.76万人次，实现旅游综合收入152.22亿元；旅游产业增加值9.33亿元，占GDP比重8.7%。经过旅游经济发展水平、政府推动作用、旅游产业综合带动功能、旅游开发与环境保护、旅游设施与服务功能、旅游质量监督与市场监管6个方面35项指标的评选，在2020年全国县域旅游综合实力百强县榜单中，磐安县位列第68位。

2014年11月16日，潘望霖因病去世，留下"山水笑""山欢水笑乐天涯"两幅书法。儿子潘旻说，这是父亲写给磐安旅游和磐安人民的祝福，希望磐安旅游发展得越来越好，人民生活越来越富裕。

斯人已逝，精神永存。

文 | 傅瑛侠

张伟斌
梦想花开 景因人兴

灵江源森林公园位于盘峰乡灵江源村，离县城大约35公里，景区面积约5000亩。10年前，这里还是群山孤寂无人赏，绿水清流无知音的地方。幸得人识，天然的秀美风景，通过不断开发建设及旅游新业态植入，景区知名度不断提升，连续两年成为浙江省"网红景区"。

磐安县新境界旅游开发有限公司董事长张伟斌是尖山镇楼下宅村人，大学毕业后曾在海尔公司工作，凭着自己的勤奋努力，成功赚到了人生的第一桶金。然而，人各有志，从大山里走出去的张伟斌，对家乡的山水美景有着一份深深的眷恋。2010年5月，机缘巧合，张伟斌来到原维新乡王大坑村，这里良好的生态环境、秀丽的山水风光，还有善良淳朴的村民，深深地吸引了他。在这里，他找到了自己新的梦想——把山村美景变成美丽经济，带领附近村民一起致富。经过深思熟虑，他果断辞掉收入颇丰的工作，带着所有积蓄回到磐安，与同学一起合股成立了磐安县新境界旅游开发有限公司。通过协商，与王大坑村委会、维新乡政府、县旅委会等签订协议，租用3000亩山林，开发建设灵江源森林公园，在这片山群林海之间种下了梦想的种子。

现实比梦想残酷。景区开发并不容易,地域广、投入大。创业之初,为了筹措资金,张伟斌不知跑了多少银行,连自己的房子也卖掉了。景区刚刚初具规模,通景公路改造又让他面临窘境。2012年,通向灵江源景区的主干道东仙线公路开始改造,旅游大巴进出景区十分困难,游客进不来就意味着断了收入。投入上千万元建设景区基础设施,旅游收入却只有几十万元。公路改造的三年,是张伟斌最难的三年。然而,景区开发不能停步,面对重重困难,张伟斌咬牙坚持了下来。他的心中只有一个想法——公司一定要"活"下来。他很清楚,这三年时间里自己要抓紧投入开发建设,东仙线改造完成后,景区一定会迎来新的生机。

梦想照进现实。灵江源景区规划布局合理、景色宜人,得到了专家的肯定。2015年,灵江源森林公园被评为国家3A级景区。这个藏在深山的景区终于露出了它璀璨的光芒,张伟斌的梦想之花悄然绽放。

路修通了,游客多了,景区旺了,但张伟斌并没有就此停步。随着国内旅游业态不断更新迭代,很多名不见经传的地方都成了网红景区,这让他从中看到了新的商机。如何植入旅游新业态,吸引更多游客?灵江源景区虽有很好的山水风光,但是体验感不强。为此,张伟斌大胆创新,把游步道改建成玻璃栈道,这也是浙江省首条高空玻璃栈道,成功地吸引了众多游客前来体验。这让张伟斌尝到了甜头,网红旅游新业态

对景区发展带来的效益显而易见。"要做就做最好。"张伟斌决定再新建一座横跨灵江源峡谷的玻璃桥，设计目标是华东地区第一。为了让项目能够保质保量完成，张伟斌天天蹲守现场协调指挥。2018年，华东第一高空玻璃桥横空出世，桥面全长365米、宽2.2米，距离谷底相对高度达到189米，相当于63层楼高。"网红"概念加上良好的包装宣传，迎来了周边游客"千军万马过玻璃桥"的壮观景象，灵江源景区一跃成为省内网红景区。仅仅春节一个月营业额就达到1000多万元，接待游客超过50万人次，单日游客接待量、一周游客接待量、景区影响力、网络点击量等都创下磐安旅游纪录。

奋斗结硕果，景区效益逐年提高。但张伟斌面对日趋激烈的旅游市场竞争，还是不敢松懈。通过国内外考察学习，张伟斌再次决定对景区进行改造提升，打造世界级高空玻璃悬廊。2019年2月5日（正月初一），世界最长悬空玻璃长廊正式对外开放，悬廊沿着悬崖向外挑出118米，全长约158米，垂直高度达288米。高空悬廊再次吸引了游客眼球，灵江源景区天天车水马龙，人声鼎沸，悬廊上游客的尖叫声此起彼伏，在山谷中回荡。

精诚所至，金石为开。2019年8月8日，是张伟斌投资景区9年来最开心的一天。这天下午，灵江源高空悬廊吉尼斯世界纪录认证仪式在景区举行。经过吉尼斯世界纪录认证官杨邵鹏现场测量认证，确认灵江源天空悬廊长度为78.905米，获得"最长的悬挑空中玻璃走廊"吉尼斯世界纪录称号，并颁发吉尼斯世界纪录证书。这是磐安县获得的首个吉尼斯世界纪录。持续不懈的努力终于换来丰硕的成果，在这片绿水青山悬崖峭壁间，张伟斌创造了属于自己的奇迹。

"村助景兴，景助村富"。在景区建设之初，张伟斌就树立一个理念，景区开发始终让利于民，不与村民争利益。景区所在地的王大坑自然村共有36户农户、101人。景区营业后，在外打工的村民纷纷回到村里，其中，25户办起了农家乐、5户办起了土特产店。南谷农庄主人王时华2012年开始经营餐饮，头脑活络的他，依托景区主动联系江苏、上海、杭州等地旅游团队，收入逐年翻番，特别是2017年以来，每年都接待两三百个大巴车游客，最多的时候一个晚上就有6000多元营业额。灵江源景区人气旺了，也吸引了外地人前来做生意。缙云县壶镇的李唐保夫妇在这里开了小吃店，专门做烧饼、馄饨，最多一天能卖

出去两三百个烧饼，收入可观。马加坑村党支部书记鲍先进说，灵江源景区对周边村庄带动很大，王大坑自然村户均收入已超过15万元。村民的支持让景区得到了快速发展，景区的发展带动了村民增收，景兴村富，共同踏上了小康路。

潜心发展事业的同时，张伟斌也关心关注慈善事业，回馈社会。磐安二中是他的母校，为了提高师生素养、激发学研热情，灵江源景区与磐安二中建立了"景校共建"机制，捐赠50万元，设立灵江源——梅花奖系列奖学金。2020年，新冠肺炎疫情突如其来，为了守护生命安全，张伟斌主动申请暂停景区营业。同时，积极捐款捐物、筹集物资，第一时间为社会捐助现金5万元和价值20万元的口罩。复工复产后也是金华市第一家宣布对医务人员免门票的景区，截至6月底，已免费接待6000多名医务工作者。

好风景承载了大梦想，张伟斌用自己的理想和信念追梦前行。2010年至今，景区已累计投入1.5亿元。秉持着"一直被模仿，从未被超越"的开发经营理念，张伟斌不断培植旅游新业态，打造旅游金名片，让"村助景兴，景助村富"的小康之路不断前行，他的梦想之花也将在这片绿水青山之间竞相绽放。

文 | 张新宇

权启爱
扎根磐安十一年 帮扶茶农奔小康

"脱贫路上不孤单,创业致富有人帮"。回顾磐安脱贫攻坚历程,一路风雨走来,始终不能忘记这样一批人,他们不是磐安人却胜似磐安人,带着上级组织的嘱托,离开舒适的岗位,告别温馨的家庭,不畏艰辛,倾其所学,为山区群众送来关爱、送来技术、送来信心,他们就是省级科技特派员。其中,浙江省茶叶研究院研究员权启爱就是这么一位特殊而又典型的代表。

说特殊,因为权启爱是全省首批100名科技特派员中年龄最大的一位。2003年,63岁的他刚刚从贵州扶贫归来,本可以舒适自在地安度退休生活,但听到组织有安排、山区群众有需要,就义不容辞地再次接受任务,进驻偏远落后的磐安县双溪乡,而且一待就是11年。作为享受国务院特殊津贴的全省知名茶叶专家,权启爱自称一名老茶人,始终保持低调与谦逊,为人和善,衣着朴素,与农民同吃同住打成一片,真正将自己融入农村,大家亲切地叫他"权老师"。《决胜小康 圆梦有你》主题报道组联系采访时,已是耄耋之年的权启爱谦虚地推辞说:"我真的很普通,做的都是最基础的工作,被采访可能还不够格。" 殊不知,他眼中最基础的工作,却是别人眼里最不平凡的事迹。

进驻双溪后，权启爱没有急于"点火"，而是先着手基础调研工作。在乡负责同志陪同下，他不辞辛劳，连续奔波，不到两个月时间，跑遍了双溪乡17个行政村和40多个自然村，走遍了这些村庄的每一块茶园，并与广大茶农座谈交流，详细了解茶叶生产现状，梳理存在问题。通过一段时间走访调研，权启爱发现全乡农业基本没有主导产业，以种植玉米、地瓜等农作物为主；当地农民虽有种茶习惯，但茶叶大多被种植在屋角地头的犄角旮旯。根据调研结果，以及双溪乡具备的种茶天然条件优势，权启爱建议乡党委、政府将茶叶作为支柱产业发展，协助乡政府起草《茶产业十年发展规划》，并提出具体可行的发展目标。

谋定而后动，纲举才能目张。山早村是该乡最为偏远的村庄之一，地处海拔较高的山顶，整体地势平整，气候土壤条件十分适宜白茶种植。2005年，权启爱计划采用农民自种和引进客商协作发展的方式开发白茶基地。为了消除农户顾虑，权启爱四处奔波，跑农户作动员，跑市场购茶苗，跑省城请专家，身体力行，言传身教，做给农民看、带着农民干。这期间，权启爱有一半以上时间与基地茶农风雨并肩，亲临现场进行技术传授和指导，共发动全村种植白茶200多亩，平均每户2亩左右，同时引进业主建成面积1000亩的桃石尖生态白茶基地。为此，山早村成为双溪乡白茶发展比较成功的专业基地，被列为金华市第一批"科技特派员基地"。

作为一名老茶人，权启爱深知，要保持茶产业持续快速发展，关键要提高茶农收入，让老百姓得到看得见、摸得着的效益，而这着力点在于不断改善茶农的茶叶栽培和加工技术。为此，权启爱把茶叶科技培训作为带动产业发展和自己工作的突破口。双溪茶叶虽然没有形成规模化，但茶叶品质好，是名副其实的龙井茶，开采时间也是县内最早的。如果要让茶叶形成规模化种植，那必须让农民思想上有所改变。

"这里是龙井茶产区，要炒出最好的龙井茶！"权启爱凭着敏锐的意识、丰富的经验，尝试着教授农民炒龙井茶。但理想很丰满，现实很骨感，由于习惯传统的生产加工办法，一开始茶农的积极性并不高。"总得想个办法，把大家的积极性调动起来。"权启爱费尽心思从

研究所里邀请了一批外援——做龙井茶最好的一批技术师傅,请他们到双溪来现场PK。茶农起初还不服气,认为炒茶技术大同小异,可一对比,高下立现,专业炒茶师傅炒制的茶叶,明显比茶农炒制的形状好、质量优。真实的PK,过硬的技术,让农民看到了差距,也愿意开始尝试。为此,炒茶师傅从梓誉到礼府再到山早,手把手教大家炒茶。茶农炒茶技术得到提升后,原本三四十元1斤的茶叶,可以卖到六七十元,效益整整提升了2倍。一时间,双溪乡内形成了"炒茶风暴",窈川、大盘等邻近乡镇茶农纷纷前来学习。

时过境迁,为了提高制茶效率,一种新型龙井茶炒制机开始推广使用,它炒制速度快,能节省大量劳动力,权启爱立即着手在双溪乡推广。由于机械炒茶与精细的手工加工相比,产品质量较粗放,权启爱及时研究推广了机器和手工相结合的加工技术,使全乡80%的龙井茶炒制先用机器加工,后用手工进行精细辉锅炒制,既节约了劳动力、提高了炒制速度,又使龙井茶质量能保持手工水平,茶商茶农十

分欢迎。为更好推广这项加工技术，权启爱选择了傅宅村傅光旭、傅米新和下元村孔元忠三户具有较好技术基础的茶农，进行机、手结合龙井茶加工技术重点培训，3户茶农利用所学技术加工出来的龙井茶，最高价格卖到每公斤400~500元，比光用机器炒制的产品每公斤多卖60~80元，孔元忠和傅光旭家的龙井茶总收入分别达到10万元和20万元。其他乡镇不少茶农得知情况后，纷纷主动找到权启爱在乡政府的住地，恳请重点给予指导。

就这样，在权启爱的倾心指导推动下，10年时间里，双溪乡标准化茶园面积达到6100亩，从一个零星产茶乡镇发展成为专业产茶乡镇。全乡茶叶总收入从2004年的100余万元，提高到1200万元，人均茶叶年收入从150元提高到1800元。茶叶成了该乡名副其实的支柱产业，农民重要的增收渠道。正如山早村民所说："山早以前是穷苦旮旯，为养家糊口，我们只能到外面找活干、打零工。现在守着这'金茶园'，轻轻松松地，在家门口就能有不错的收入。"

十年倾心，茶香四溢。权启爱赢得了磐安百姓的爱戴，2012年，被评为第三届十大感动磐安人物。"我一辈子和茶叶打交道，能够把积累的经验和技术传授给茶农，使这里的茶叶产业有所发展，农民收入有所提高，这对于我们科技工作者来说就是一个很大的慰藉。"权启爱回忆11年科技特派员经历不无感慨地说。

权启爱今年已80岁高龄了，为农服务的接力棒正一任接着一任传递到一批批省科技特派员手中，他们像"权老师"一样奔走在磐安大地上，及时将科学技术转换为实际生产力，帮助山区群众走上脱贫致富的小康之路。

文｜潘勇航 傅利刚 方雅丽

后 记

百年终圆小康梦，奋笔回响山水间。对中华民族而言，2020年是具有非凡意义的一年。决战决胜全面小康之年，《山水回响——磐安小康建设之路》一书付梓，无疑是对磐安小康"铺路石"最好的褒奖与敬意。书册墨香里，无数人物与故事仿佛跃然纸间。相信，有了此书，他们为小康建设作出的贡献将永载史册。但愿，为此书付出辛劳的人们，能成就笔端最美好的价值回忆。

2020年，磐安县融媒体中心高度重视全面小康主题报道，用心用情用力打造年度新闻精品。中心主任、总编虞晓峰牵头，中心班子做了大量前期工作，作了多次专题研究，几上几下，数易其稿，精心策划、重磅推出"决战决胜高水平全面建成小康社会系列主题报道"。中心专门召开作风建设推进会暨"决战决胜高水平全面建成小康社会"系列主题策划报道部署会，虞晓峰在会上作情真意切的动员讲话。县委、县政府、县人大、县政协领导参加会议，并为各主题报道战队授旗。

该系列报道中，《牢记总书记嘱托 建设重要窗口》《老乡你好——小康路上看变化》《决胜小康 圆梦有你》三组报道无疑是最重头、最难采写、最有亮色、最具有文史价值的作品。县融媒体中心一楼大厅里挂出"作战图"，一百多号人全员参战，实行"销号"管理。历时5个月班子成员带队靠前指挥，身先士卒担当"艰、难、险、重"篇目采写任务；全体采编人员立下"军令状"，深入乡镇、村、企业、农户，与报道对象抵足长谈，夜以继日采写，报道达不到要求不休假；行政、后勤等各线员工跟班服务采访。磐安县政协文史资料委员会与县融媒体中心密切配合，结集54篇报道，认真校对文稿，精益求精地将本书呈现给读者。

聚沙成塔集众智，笔耕不辍济小康。在此，编者对县相关部门、乡镇（街道）为采编工作提供帮助的人员，对提供照片的磐安县摄影家协会等单位、个人，以及为此书的出版加班加点的中国市场出版社编辑团队表示最诚挚的感谢！由于时间仓促、水平有限，该书一定存在一些疏漏、不足乃至差错，敬请读者批评指正。

编 者

2021年1月

图书在版编目（CIP）数据

山水回响：磐安小康建设之路 / 政协磐安县委员会，磐安县融媒体中心编著. -- 北京：中国市场出版社有限公司，2021.6
ISBN 978-7-5092-2041-2

Ⅰ. ①山… Ⅱ. ①政… ②磐… Ⅲ. ①小康建设-研究-磐安县 Ⅳ. ①F127.554

中国版本图书馆CIP数据核字（2021）第007694号

山水回响——磐安小康建设之路
SHANSHUI HUIXIANG——PANAN XIAOKANG JIANSHE ZHI LU

编　　著：	政协磐安县委员会　磐安县融媒体中心
责任编辑：	张再青
出版发行：	中国市场出版社
社　　址：	北京市西城区月坛北小街2号院3号楼（100837）
电　　话：	（010）68024335/68021338/68022950/68020336
经　　销：	新华书店
印　　刷：	东阳日报有限公司
规　　格：	182mm×260mm　　　16开本
印　　张：	17　　　　　　字　　数：340千字
版　　次：	2021年6月第1版　　印　　次：2021年6月第1次印刷
书　　号：	ISBN 978-7-5092-2041-2
定　　价：	58.00元

版权所有　侵权必究　　　　印装差错　负责调换